Neapel
lieben lernen

Der perfekte Reiseführer für einen unvergesslichen Aufenthalt in Neapel inkl. Insider-Tipps und Packliste

Irina Veldkamp

✈ INHALT

Das erwartet Sie in diesem Buch

Wen es zum ersten Mal in die südliche Millionenmetropole am Meer verschlägt, der ist oft sprachlos angesichts des quirligen Trubels und der zahllosen unterschiedlichen Eindrücke, die auf den Besucher einstürmen, sobald er den Flughafen oder Bahnhof verlassen hat. Der Verkehr ist hektisch, die Neapolitaner sind laut und lebhaft, allenthalben stolpert man über große und kleine Relikte der römischen Antike, zahlreiche Museen und Paläste sind über die ganze

Stadt verstreut, fliegende Händler bieten ihre Waren an und über allem thront der mächtige Vesuv. Unvorbereitet hinein zu tauchen in diese reiche und aufwühlende Welt kann einen leicht überfordern, umso wichtiger ist es, sich bereits im Voraus mit den wichtigsten Gegebenheiten vertraut zu machen, um den Besuch vom ersten Moment an genießen zu können.

Dieses Buch bietet Ihnen einen Leitfaden, um sich im lebendigen Getümmel dieser großartigen Stadt nicht zu verlieren und hilft Ihnen, Ihren Besuch zu planen, indem es die wichtigsten, schönsten, berührendsten und beeindruckendsten Orte und Sehenswürdigkeiten vorstellt und Ihnen zeigt, welche Dinge die Stadt tatsächlich einzigartig auf der Welt machen. Naturbegeisterte kommen ebenso auf ihre Kosten wie Kunstkenner und wer sich für die unterschiedlichen Epochen der europäischen Kulturgeschichte interessiert, kann hier in unvergleichlichem Reichtum schwelgen.

Vor allem aber das neapolitanische Leben sollte nicht zu kurz kommen: Genuss und Lebensfreude sind die wohl mitreißendste Zutat der Anziehungskraft dieser Stadt und der nachfolgende Text möchte

Ihnen gerade auch das Neapel abseits der Museen und Ausgrabungsstätten nahebringen, sodass Sie voller Vorfreude ihre Koffer packen können.

Neapels wechselvolle Geschichte

Obwohl heute durch und durch italienische Metropole, so liegen die Anfänge Neapels doch ursprünglich in der antiken griechischen Kultur begründet, wovon schon der Name der Stadt zeugt, der in früheren Zeiten Neapolis lautete, „neue Stadt". Bereits 700 v.Chr. gründeten die Griechen im Zuge ihrer Kolonisation die Siedlung Parthenope im heutigen Stadtgebiet, die angesichts der wachsenden zweiten Siedlung, die sich am Hafen entwickelte, bald als „alte Stadt" bezeichnet und schließlich von der Neuen abgelöst wurde. Über Jahrhunderte hinweg war Neapolis eine der meist florierenden Städte Italiens, die lange Zeit sowohl unter starkem griechischem als auch zunehmend römischem Einfluss stand, bis sie im Zuge der römischen Bürgerkriege um 80 v. Chr. endgültig in das römische Reich eingegliedert wurde.

Heute noch finden sich vereinzelt Gebäudeüberreste aus der griechischen und frührömischen Zeit an verschiedenen Stellen der Altstadt, die in ihrer Ausdehnung in etwa dem antiken Neapolis entspricht. Die Region um Neapel galt bei den Römern im Übrigen stets als reich und fruchtbar, weswegen nicht nur die Nahrungsmittelproduktion dort verstärkt betrieben wurde, sondern auch hochrangige Familien sich dort ansiedelten, um dem angenehmen Leben zwischen reichhaltiger Speisevielfalt, Müßiggang und luxuriösen Thermen und Bädern zu frönen.

Aus diesem Grund fördern Ausgrabungen ungewöhnlich oft prächtige Villen hochgestellter römischer Persönlichkeiten zutage, die nicht selten mit wertvollen Kunstschätzen ausgestattet sind. Im Jahre 476 endete die weitgehend friedliche Periode römischer Herrschaft in Neapel und mit dem Ende der Spätantike begann eine wechselvolle Geschichte, in der Neapel unter die Herrschaft unterschiedlicher Völker geriet und durch zahlreiche königliche Familien Europas gereicht wurde, so wurde es von Ostgoten, Langobarden und Normannen erobert und 1194 geriet es unter die Kontrolle der Staufer, denen die Stadt die Gründung der ersten neapolitanischen Universität verdankt.

In der Folgezeit bemächtigten sich der Reihe nach das französische Haus Anjou, das spanische Aragon, die österreichischen Habsburger und schließlich die französischen Bourbonen Neapels, wobei sie überall im Stadtgebiet ihre auch heute noch sichtbaren Spuren in Form zahlreicher Paläste, ganzer Stadtviertel und neu gegründeter Institutionen hinterließen. Im Jahre 1860 stimmten die Neapolitaner schließlich mit klarer Mehrheit für ihren Anschluss an das noch junge Königreich Italien, wo es bis zu dessen Ende 1946 verblieb.

Nach dem Faschismus, der im Süden Italiens nicht wenige Anhänger hatte, und dem Ende des zweiten Weltkriegs war Neapel unter amerikanischer Verwaltung, die sich angesichts der chaotischen Verhältnisse und der Abwesenheit eines funktionierenden Polizeiapparates der logistischen Unterstützung lokaler Mafiagrößen bediente, wodurch die neapolitanische Camorra einen Aufschwung erlebte, der ihr bis heute großen Einfluss sichert.

Das Neapel der Gegenwart wird von häufig wechselnden Regierungskoalitionen geleitet und vor allem die Jahre 1993 bis 2001 brachten raschen Aufschwung in vielerlei Hinsicht. Heute ist die Stadt eines der wichtigsten Metropolzentren Italiens mit ca. 4,4 Millionen Einwohnern und im Kern von Neapel selbst leben eine knappe Million Menschen. Übrigens: Falls Sie ein wenig Italienisch sprechen oder verstehen, wundern Sie sich nicht, wenn Sie nach Neapel kommen und den Eindruck haben, Sie hätten sich möglicherweise im Land geirrt.

Die meisten Neapolitaner sprechen das stark vom Hochitalienischen abweichende Neapolitanisch, wechseln aber bereitwillig ins Standarditalienisch, wenn sie bemerken, dass ihr Gesprächspartner des örtlichen Dialekts nicht mächtig ist. Ein Grundzug dieses Dialekts ist das Ersetzen vieler „o" durch „u", ihre eigene Stadt nennen sie *Napule.*

Ihr Besuch in Napule

Bevor Sie nun begeistert die Koffer packen, sollten ein paar grundsätzliche Überlegungen angestellt werden. Neapel lässt sich auf ganz unterschiedliche Art besuchen und erfahren und je nach der Art des Aufenthaltes müssen vorab einige Dinge beachtet werden. So eignet sich die Stadt hervorragend für einen Kurzurlaub im Sinne eines Städtetrips, da man kaum die Altstadt verlassen muss, um eine überwältigende Anzahl von Sehenswürdigkeiten zu bestaunen, in faszinierende

Stadtviertel einzutauchen und die Dinge zu genießen, für die die Stadt am Fuße des wohl berüchtigtsten Vulkans Europas berühmt ist.

Allerdings bietet sie gleichzeitig eine solche Fülle an Bestaunenswertem, dass es sich durchaus anbietet, auch längere Zeit dort zu verweilen, gerade wenn man die Besonderheiten das nahen Umlandes nicht verpassen möchte. Auch was das Reisebudget angeht, zeigt sie sich flexibel: Wer sich den lange geplanten Jahresurlaub mit allen Annehmlichkeiten gönnen möchte, wird von gehobener Gastronomie über luxuriöse Unterkünfte und außergewöhnliche Unternehmungen alles finden, was das Herz begehrt, shoppingfreudige Urlauber kommen ebenso auf ihre Kosten wie Reisende, die ein breites Angebot an ausgezeichnetem Kulturprogramm mit Oper- und Konzertaufführungen schätzen und wer den altrömischen Luxus von Thermen und Wellnessbehandlungen nachempfinden möchte, kann ebenfalls in einem breiten Angebot schwelgen.

Aber auch dem Reisenden mit geringem Budget zeigt sich Neapel offen und vielfältig. Ein großer Teil der UNESCO-geschützten Innenstadt lässt sich völlig frei erkunden, viele der beeindruckendsten

Sehenswürdigkeiten verlangen recht moderate Eintrittspreise, der öffentliche Nahverkehr erschließt die Stadt gut und sehr günstig und vor allem in kulinarischer Hinsicht muss man selbst mit schmalem Geldbeutel keinerlei Verzicht üben.

Die vielgerühmte neapolitanische Küche war stets eine Küche für die einfachen Leute und auch heute noch muss man nicht viel Geld ausgeben, um ausgezeichnet zu essen und zu trinken. Auch Unterkünfte lassen sich – von den persönlichen Ansprüchen abhängig – recht günstig finden, allerdings gilt es, sich um solche Dinge bereits im Vorfeld zu kümmern. Eine weitere relevante Frage, die man sich unbedingt stellen sollte, ist die nach dem Reisezeitraum. Klimatisch am angenehmsten sind die Frühlingsmonate, die für weniger sonnenverwöhnte deutsche Urlauber oft schon richtiges Sommerwetter bieten. Das Gleiche gilt für den frühen Herbst, ab Ende September sind jedoch Regenfälle schon häufig.

Die Hochsommermonate Juni, Juli und August haben den Vorteil, dass sich gerade privat vermietete Zimmer leichter finden lassen, da viele Neapolitaner im Sommer aus der Großstadt flüchten und die

Ferien auf dem Land verbringen, allerdings muss man beachten, dass dies einen guten Grund hat: Die dicht bebaute und bevölkerte Stadt heizt sich sehr stark auf und die Temperaturen sind tagsüber vor allem für empfindlichere Menschen oft unerträglich.

ANREISEN UND WOHNEN: LUXUSHOTEL, FERIENWOHNUNG ODER HINTERZIMMER

Wenn Sie sich nun also entschieden haben, welcher Natur Ihr Neapelabenteuer sein soll, so steht als erstes die Planung der Anreise an. Aus dem Ausland bietet sich ein Flug nach Neapel – Capodichino an, einer der wichtigsten Flughäfen in Süditalien mit entsprechend guter Anbindung an die anderen großen, italienischen Flughäfen. Wer Zeit hat, kommt mit einem Umstieg in Rom oder Mailand oft günstig weg, ansonsten bieten sich Direktflüge aus beispielsweise Berlin, Stuttgart oder München an, auch Tickets im Niedrigpreissegment mit etwa Ryanair oder EasyJet lassen sich finden. Wer es lieber etwas gemütlicher angehen lässt und bereits die Anreise als Erlebnis sieht, der findet ab München auch Zugverbindungen mit Umstieg in Rom, die einen vorzugsweise im Nachtzug die tyrrhenische Küste entlang zum Hauptbahnhof Napoli Centrale bringen. Wer die Anreise über die Autobahn bevorzugt, kann auf Busverbindungen zurückgreifen, für die jedoch oftmals deutlich mehr Zeit eingeplant werden und auf Komfort verzichten werden muss.

Die Anfahrt mit dem PKW ist aufgrund des weitausgebauten Netzes an Autobahnzubringern und dem Anschluss Neapels an die großen Autobahnen in der Südhälfte Italiens gut möglich, birgt jedoch einige Unwägbarkeiten. So ist zum einen der Verkehr in Neapel selbst nur etwas für nervenstarke Autofahrer, das vielgerühmte italienische Temperament bricht sich hier tatsächlich Bahn und die Verkehrssituation ist oftmals sehr chaotisch und mit strikter Regelbeachtung nur schwer zu bewältigen.

Zudem ist das Straßennetz oft stark überlastet, was sowohl für innerstädtische Hauptrouten als auch für die Autobahnzubringer gilt und nicht selten für Staus sorgt. Außerdem sollte man miteinberechnen, dass für die Nutzung der italienischen Autobahnen, die autostrade, Maut zu entrichten ist und die Parksituation in der Stadt ähnlich kompliziert ist. In

Neapel selbst ist man mit dem öffentlichen Nahverkehr übrigens gut versorgt, die beiden Verkehrsbetriebe ANM (Azienda Napoletana Mobilità S. p. A.)und die Ferrovia Circumvesuviana und einige weitere Anbieter decken die ganze Stadt inklusive der Randbezirke und Vororte flächendeckend ab, sodass ein eigener PKW eher eine Behinderung ist. Zwar sind die öffentlichen Verkehrsmittel gerade zu den Stoßzeiten oftmals recht überfüllt, dafür lässt sich aber kaum an einem anderen Ort so unkompliziert das Wesen der Stadt und ihrer Bewohner beobachten.

Haben Sie es dann in die Stadt geschafft, so warten eine Vielzahl an unterschiedlichsten Unterkünften auf Sie. Neben Hotels in unterschiedlicher Preisklasse finden Sie einfache Herbergen wie Bed & Breakfasts oder Hostels und auch Ferienwohnungen und vor allem einzelne Privatzimmer. Gehobene Unterkünfte gibt es vor allem entlang der Strandpromenaden der Innenstadt, meist direkt am Meer gelegen und inmitten der lebhaftesten Stadtteile. In unmittelbarer Nähe zum der Küste vorgelagerten Castel dell'Ovo liegen beispielsweise das Grandhotel Vesuvio, das   Eurostars Hotel Excelsior und das

Grandhotel Saint Lucia, die auf höchstem Standard Gäste mit gehobenen Ansprüchen zufriedenstellen und mit einem hinreißenden Blick über den Golf von Neapel und weiten Teilen der Stadt bestechen.

Daneben finden sich über das gesamte Innenstadtgebiet zahlreiche Hotels im mittleren und niedrigeren Preissegment, die im Großen und Ganzen vergleichbare Konditionen und Standards aufweisen, hier lohnt sich ein Blick auf die genaue Lage und die Aktivitäten, die man in der Stadt plant. Ein Tipp für unkomplizierte und preisbewusste Reisende ist das Gebiet nahe des Hauptbahnhofes jenseits der Piazza Giuseppe Garibaldi. Das Viertel ist sehr zentral und verkehrstechnisch äußerst günstig gelegen, allerdings in Teilen recht heruntergekommen und beherbergt außerdem eine der Straßen, entlang derer der Prostitution nachgegangen wird.

Nichtdestotrotz ist die Gegend sehr belebt und auch nachts von den Neapolitanern bevölkert und es findet sich eine Vielzahl an einfachen, aber oft sehr guten Restaurants. Wer sich an diesem Umfeld nicht stört, kann oftmals deutlich günstigere Hotels finden, die in ihrer Ausstattung den ortsüblichen Standards aber völlig entsprechen und hat außerdem einen idealen Ausgangspunkt für sämtliche Unternehmungen gefunden. Ebenfalls empfehlenswert für ein geringes Budget ist das Ostello Mergellina, das dem HI-Hostel-Verband angehört und somit für Inhaber von Jugendherbergsausweisen besonders günstig ist.

Es bietet aber auch anderen Reisenden zu vernünftigen Preisen eine sehr einfache, jedoch gepflegte und zudem zentrale Unterkunft, die aufgrund ihrer Größe auch kurzentschlossenen Gästen oft noch eine günstige Übernachtungsmöglichkeit zur Verfügung stellt. Den größten Fundus an Unterkünften bieten mittlerweile jedoch Plattformen wie Airbnb sowie die etablierten Ferienwohnungsvermittlungen. Über das gesamte Stadtgebiet und die Vororte verteilt bieten zumeist Privatpersonen Wohnungen oder einzelne Zimmer an und vor allem über Airbnb kann man hier einzigartige und gemütliche Unterkünfte finden.

Oftmals handelt es sich um ein oder mehrere Zimmer in der Wohnung des Vermieters, was bedeutet, dass man sich Räume wie Badezimmer mit den Vermietern oder anderen Gästen teilen muss. Dafür hat eine solche Unterkunft den unschlagbaren

Vorteil der Nähe zur Stadt und dem Leben in ihr. Die Vermieter sind meist Neapolitaner, sie sind die Menschen, die diese Stadt bewohnen und sich natürlich am besten auskennen, sprich: sie kennen die beste Pizzeria, wissen, von wo man abends den schönsten Blick über die Stadt hat, zu welcher Uhrzeit die Busse besonders überfüllt sind und in welcher kleinen Bar man unbedingt einen Cappuccino trinken sollte.

Außerdem hat man so die Chance, wirklich mitten in der Stadt und inmitten der Menschen zu leben. Besonders empfiehlt sich hier das Viertel Quartieri Spagnoli, eine der lebhaftesten und quirligsten Ecken Neapels. Dieser in seinen Grundzügen im 16. Jahrhundert entstandene Stadtteil, der ursprünglich als Quartier für spanische Soldaten diente, behielt einen Großteil seiner vormaligen Gebäudestrukturen bei und wurde im Laufe der Jahrhunderte fortwährend erweitert und ausgebaut, Stockwerke wurden auf die ehemals eingeschossigen Bauten gesetzt und neue Wände eingezogen, was dazu führt, dass man heute durch ein nahezu unwirklich erscheinendes Gewirr aus schmalen Gassen, verschachtelten Häusern und versteckten Innenhöfen läuft, in dem sich an jeder Straßenecke etwas zum Bestaunen findet. Lange war das Viertel für seine Armut verrufen, seit einigen Jahren jedoch zieht es eine urbane Schicht an jungen, gebildeten Neapolitanern ganz bewusst dorthin, sie genießen die Ungezwungenheit und die Möglichkeiten, die sich ihnen hier bieten, gründen Studenten-WGs, Ateliers und kleine Kneipen und schaffen somit Raum für neue Formen intellektuellen Lebens in der Stadt.

Da die meisten Häuser sehr einfach und meist nicht saniert sind, halten sich die Mietpreise in vernünftigen Grenzen, wovon man auch als Urlauber profitieren kann, gerade während der Sommerzeit, in der viele Studenten die Hitze der Großstadt verlassen, um die Semesterferien bei der Familie auf dem Land zu verbringen und ihre oft liebevoll eingerichteten Studentenzimmer gerne Gästen überlassen.

Eine Besonderheit sind die *bassi*, Erdgeschosswohnungen, die direkt an den Gässchen liegen und deren Küchen oder Wohnzimmer oftmals nur durch eine kleine Tür oder die im Süden allgegenwärtigen Perlenvorhänge von der Straße getrennt sind, wodurch die ohnehin sehr verbreitete Vermischung vom Leben draußen und drinnen noch einmal auf eine neue Stufe gehoben wird. Gerade die älteren Bewohner sitzen oft in den Eingängen ihrer Wohnungen und beobachten das Treiben auf der Straße, unterhalten sich mit Vorübergehenden und prägen so das gesellschaftliche Leben im Viertel. Im Sommer ein nahezu überlebenswichtiger Tipp: Meistens zwar mittlerweile Standard, aber unbedingt darauf achten, ob es eine Klimaanlage gibt.

ANGEKOMMEN – UND NUN? EIN ERSTER STREIFZUG DURCH DIE INNENSTADT

Nachdem Sie in Ihrem Quartier angekommen sind und sich häuslich eingerichtet haben, lockt Neapel mit seiner quirligen Lebendigkeit und wenn Sie von der Reise etwas erschöpft sind und für diesen Tag keine größeren Unternehmungen mehr planen, so bietet es sich hervorragend an, einfach ohne besonderes Ziel einzutauchen in das Leben der Stadt. Abhängig von der genauen Lage Ihrer Unterkunft können Sie einfach vor die Türe treten und sich treiben lassen im Strom der Menschen, falls Sie ein wenig mehr herumkommen möchten, lohnt sich der Kauf einer Tageskarte für den öffentlichen Nahverkehr vom Betreiber Unico Napoli, das an Wochentagen 4,80 € pro Person kostet, am Wochenende sogar nur 3,30 €. Damit können Sie 24 Stunden lang alle öffentlichen Verkehrsmittel im Stadtgebiet nutzen, auch die Funicolare-Seilbahnen, die auf die städtischen Hügel hinaufführen. Erhältlich sind sämtliche Nahverkehrstickets an den vielen kleinen Kiosken (tabaccai) sowie an den Verkaufsschaltern der meisten Metro-Eingänge. Es gibt drei unkomplizierte Kurzunternehmungen, die sich bestens eignen, um unmittelbar einen ersten Eindruck vom neapolitanischen Leben zu bekommen:

Erstens: Wo auch immer sich Ihre Unterkunft befindet, gehen Sie vor die Tür und streifen in den umliegenden Straßen oder Gassen umher, bis Sie eine Bar gefunden haben. Neapel ist voll dieser kleinen Geschäfte, die meist nur aus einem Raum bestehen, der vollgestopft ist mit Süßigkeiten, Zeitschriften, kleinen Snacks, allen möglichen Getränken und natürlich der obligatorischen Siebträgerkaffeemaschine. Egal, wie klein und einfach die Bar auch sein mag, Sie werden grundsätzlich exzellenten Espresso,

Cappuccino etc. bekommen und das zu äußerst moderaten Preisen. Nicht selten kostet ein Cappuccino lediglich etwas mehr als einen Euro. Diese Bars sind essenzieller Bestandteil des neapolitanischen Lebens und wenn Sie ein wenig Zeit dort verbringen und ihren Latte Macchiato genießen, so bekommen Sie gleich einen ersten Eindruck von den Menschen der Gegend und der Art, wie sie miteinander umgehen, außerdem werden Sie in der Regel freundlich und zuvorkommend begrüßt, da die meisten Neapolitaner es schätzen, wenn Besucher von außerhalb bereitwillig an den Dingen teilhaben, die ihren Alltag ausmachen, anstatt sich in den auf Touristen ausgelegten Lokalitäten zu tummeln.

Dieser Grund liegt auch der zweiten Empfehlung zugrunde: Gönnen Sie sich ein leckeres Abendessen in einem der zahlreichen kleinen Lokale, die Sie im Stadtgebiet in allen Straßen und Gassen finden. Die italienische Küche ist nicht umsonst weltberühmt, was gerade für Neapel in besonderem Maße gilt, und die Einheimischen legen selbst höchsten Wert auf qualitatives und schmackhaftes Essen, wovon man als noch recht ahnungsloser Besucher profitieren kann. Schlendern Sie durch die Gassen und halten

Sie Ausschau nach einer Pizzeria oder Trattoria, die gut besucht ist und stürzen Sie sich ins Getümmel, Sie können in dieser Hinsicht kaum etwas falsch machen. Lassen Sie sich nicht abschrecken von karger Ausstattung, die man in Deutschland eher von Dönerimbissbuden kennt, Plastiktischchen und Papiertischtücher sind mitnichten ein Indiz für mangelnde Qualität des Essens sondern dem praktischen Denken der Neapolitaner geschuldet: Aufgrund des hohen Stellenwertes, den gutes Essen für die Bevölkerung hat, gilt es, die Preise dafür möglichst niedrig zu halten, um jedem den Zugang dazu zu ermöglichen.

Aus diesem Grund ist man gerne bereit, auf hochwertiges Mobiliar zu verzichten und die Tische einfach am Straßenrand aufzustellen, wenn man dafür exzellente Speisen zu oft mehr als niedrigen Preisen anbieten kann, was dem Urlauber mit geringem Budget sehr entgegenkommt.

Auch wer zum Essen ein Glas Wein zu schätzen weiß, ist in dieser Hinsicht gut beraten: Zwar bieten fast alle Restaurants – auch die einfachen – meist eine große Auswahl an Weinen an, jedoch hat man auch stets die Möglichkeit, einfach einen halben

Liter des lokalen Hausweins zu bestellen, wofür man oft nur ein paar Euro bezahlen muss, was – anders als man es von deutschen Billigweinen gewohnt ist – durchaus eine sehr gute Entscheidung sein kann.

Es handelt sich in der Regel um einfache, aber gut gemachte, trockene Weine, die der Standard für die lokale Bevölkerung sind, welche wie auch beim Essen keine geringen Anforderungen stellt. Neben dem reinen Essgenuss steht auch bei dieser Art von Unternehmung im Vordergrund, dass man auf unkomplizierte Weise eintauchen kann in das Leben der Stadt. Die Lokale liegen mitten im Trubel, der sich mit Einbruch der Dämmerung erst richtig zu entfalten beginnt. Genießen Sie eine fantastische Pizza oder frisch gefangene Meeresfrüchte, während Sie die Menschen beobachten, die in kleinen Gruppen durch die Gegend ziehen und den Abend genießen. Es gibt sogar einen Ausdruck für diese Art des ziellosen Unterwegsseins: „essere in giro" bezeichnet genau diese abendfüllende Form des Herumschlenderns, die ein essenzieller Bestandteil des sozialen Lebens ist.

All das schafft eine quirlige, aufregende Atmosphäre der Lebendigkeit, die unmittelbar ansteckend wirkt, auch wenn man sich zunächst noch lediglich als Beobachter fühlt. Wenn Sie dann von einem schmackhaften Mahl gestärkt sind und sich vielleicht haben mitreißen lassen von der lebhaften Energie, dann sollten Sie sich auf den Weg zur Uferpromenade, dem Lungomare Caracciolo, machen.

Hier treffen ab den Abendstunden alle Bevölkerungsschichten zusammen, um mit wunderschöner Aussicht auf das Castel dell'Ovo herumzuschlendern. Eine Vielzahl von Bars versorgt die Nachtschwärmer mit Getränken, welche meistens einfach mitgenommen werden und so streift man mit einem Bier in der Hand am Meer entlang mit Blick auf die beleuchtete Festung. Man sieht Schiffe den nahen Hafen ansteuern und die ersten Fischerboote, die zu ihrer nächtlichen Fang-Tour aufbrechen und wenn man noch vor Einbruch der Dunkelheit vor Ort ist, hat man einen fantastischen Blick auf den Vesuv und die ihn umgebenden Hügel.

Zwischendurch können Sie sich auf einem der niedrigen Steinmäuerchen ausruhen und die Füße über dem Wasser baumeln lassen, während der leichte Salzgeruch Urlaubsgefühle aufkommen lässt.

Wenn Sie nach einem solchen Abend zurück in Ihre Unterkunft kommen, werden Sie das Gefühl haben, schon ein klein wenig angekommen zu sein in dieser faszinierenden Metropole.

TIEFER EINTAUCHEN: FASZINATION NEAPEL ZWISCHEN GESCHICHTE, KUNST UND NATUR

Nach dem ersten Sprung in das neapolitanische Leben und einer erholsamen Nacht können Sie nun tiefer eintauchen in all die Sehenswürdigkeiten, Orte, Gebäude und Geschichten und einer gründlichen Erkundung der Stadt und ihrer Umgebung steht nun nichts mehr im Weg. Je nach Ihren persönlichen Urlaubsvorlieben schlendern Sie einfach darauf los und lassen sich treiben, bis Sie etwas entdecken, was Sie reizt und die Stadt hat in dieser Hinsicht eine Menge zu bieten. Kaum eine Ecke der Altstadt, um die Sie biegen, hinter der sich nicht etwas Bestaunenswertes, Kurioses oder einfach Schönes findet, wer allerdings sichergehen möchte, dass er von den Dingen, für die Neapel berühmt ist, nichts verpasst, der sollte ein paar Planungen vornehmen, denn die

Stadt ist groß, ihr Angebot vielfältig und über das gesamte Gebiet verteilt, weswegen es sich empfiehlt, vorab zu entscheiden, was man sehen und erleben möchte. So kann man Ausflüge planen, die unterschiedliche Highlights räumlich oder thematisch optimal kombinieren, was einem so einiges an Zeit spart, die man mit Fahrten durch das weitläufige Stadtgebiet schnell verliert. Ein Hinweis vorab: Eintrittspreise werden – soweit ermittelbar – im Text angegeben, für Besucher, die mehrere Besichtigungen planen, lohnt es sich in jedem Falle, über die Anschaffung der Artecard nachzudenken. Für 32 € erhält man beispielsweise eine Variante dieser Ermäßigungskarte, die die ersten drei Eintritte kostenlos macht, auf weitere Eintrittspreise eine bis zu 50%ige Ermäßigung anbietet und zudem die Nutzung des öffentlichen Nahverkehrs beinhaltet. Sie ist drei Tage gültig, es gibt jedoch auch Karten mit längerer Gültigkeit oder solche, die eingeschränktere Vergünstigungen bieten. Am besten informieren Sie sich vorab online auf der Seite campaniartecard.it (umfangreiche Infos auch in deutscher Sprache) und überlegen sich in Abstimmung mit den von Ihnen geplanten Ausflügen, ob die Anschaffung einer solchen Karte lohnend ist.

DIE ALTSTADT: UNESCO-WELTKULTURERBE AUS VULKANGESTEIN

Zunächst einmal kann man es sich sehr leicht machen, indem man im Bereich der Altstadt bleibt. Der ideale Ausgangspunkt ist die Piazza Dante, die man sowohl mit der U-Bahn Linie 1 als auch mit verschiedenen Bussen erreicht. Von dort erreichen Sie viele der Sehenswürdigkeiten zu Fuß, vor allem aber können Sie sich durch das Gewirr der Gassen und Straßen treiben lassen. Diese atemberaubende, verschachtelte und unglaublich detailreiche Struktur ist in ihrer Gesamtheit von solcher Einzigartigkeit und kulturgeschichtlicher Bedeutung, dass die UNESCO fast das gesamte Gebiet 1995 unter Denkmalschutz gestellt und auf die World Heritage List gesetzt hat.

Daher lohnt es sich, nicht nur einzelne Attraktionen aufzusuchen, sondern vor allem das Viertel in seiner Gesamtstruktur auf sich wirken zu lassen, was einem mit den tausenden kleinen Bars, Kunsthandwerkläden und Restaurants sehr leicht gemacht wird. Auffällig und reizvoll ist zudem die Bausubstanz eines Großteils der Gebäude: Über Jahrhunderte hinweg verwendete man für die Errichtung aller Arten von Bauten vulkanisches Gestein, vor allem den gelben Tuffstein, der unter anderem den beiden Festungen Castel dell'Ovo und Castel Sant'Elmo ihr charakteristisches Aussehen verleiht. Diese Tatsache wirkt umso faszinierender und interessanter, wenn man daran denkt, welche Folgen der Vulkanismus, dem die Neapolitaner dieses Baumaterial verdanken, über die Jahrtausende hinweg für die Stadt hatte, Folgen, über die vor allem das weltbekannte Pompeji bis heute Zeugnis ablegt.

Castel Nuovo, Castel Sant'Elmo und Castel dell'Ovo: Drei Festungen prägen das Stadtbild

Bereits mehrfach erwähnt wurden die drei Festungen, die Neapels Altstadt gewissermaßen ihre Form geben. Die älteste ist das Castel dell'Ovo aus dem 9. Jahrhundert, das auf einer kleinen, der Küste vorgelagerten Insel liegt. Seine heutige Form erhielt es im 13. Jahrhundert, heute ist es zudem über eine Art Damm vom Festland aus zu erreichen. Als malerische Hafenburg mit klaren, interessanten Linien im warmen Gelbton des Tuffsteins ist sie das

Kernelement des hinreißenden Panoramas, das sich einem entlang des Lungomare Caracciolo präsentiert. Für eine ausführliche Besichtigung eignet es sich nicht sonderlich, allerdings bietet sich vom Obergeschoss ein unvergleichlicher Blick über das Meer, die Stadt und den Vesuv, besonders in den Sonnenuntergangsstunden, wenn der Vulkan in rötlichem Licht schimmert. Im Laufe der Zeit ist direkt an die Festungsmauern geschmiegt eine kleine Fischersiedlung entstanden, die heute mit zahlreichen Restaurants lockt, in denen insbesondere Fischliebhaber auf ihre Kosten kommen, außerdem gibt es einen kleinen Yachthafen. Eintritt muss man für diese Festung übrigens nicht bezahlen, also steht auch einem kurzen Abstecher nichts im Wege.

Nicht weit entfernt am Meer entlang Richtung Vesuv liegt das Castel Nuovo aus dem 13. Jahrhundert. Wenn man mit einem Kreuzfahrtschiff oder einer Fähre anreist, sieht man es schon von Weitem und der Hafen liegt direkt daneben. Es wurde unter den Anjou erbaut und stand seitdem fremden Herrschern über Neapel zur Verfügung, im 15. Jahrhundert wurde es zu seiner heutigen Gestalt umgebaut und bis 2006 trat im sogenannten Saal der Barone (*sala dei Baroni*) der neapolitanische Stadtrat zusammen. In einem Gebäudeflügel findet sich heute das Museo Civico mit einer Kapelle vom Anfang des 14. Jahrhunderts sowie einer Vielzahl von Gemälden und vor allem Bronzestatuen, der Eintrittspreis für Erwachsene beträgt sechs Euro, Ermäßigungsberechtigte zahlen die Hälfte.

Mit dem Castel Sant'Elmo im Stadtinneren auf dem Hügel Vomero bilden die beiden soeben genannten Festungen eine Art langgezogenes Dreieck, zwischen dem sich die Altstadt entfaltet. Sant'Elmo ist die jüngste der drei Festungen, sie stammt aus dem 14. Jahrhundert und der Weg auf den Stadthügel lohnt sich in jedem Fall, da sich vom Mauerrundweg aus ein einzigartiger Blick über die gesamte Stadt bietet. Zudem ist die Burg heute eine Festung der Kultur und der Wissenschaft, sie beherbergt verschiedene derartige Einrichtungen und zudem die kunsthistorische Bibliothek.

Paläste und Villen: Vom Kunstmuseum bis zur Studentenbude

Neben den drei Burgen liegen in der Altstadt eine Vielzahl von *palazzi* und *ville* (Paläste und Villen), was imposanter klingt, als es in Teilen ist, denn meistens handelt es sich hierbei lediglich um die Wohnhäuser der früheren Oberschicht.

Allerdings tragen sie in ihrer vielfältigen Gestaltung ganz entschieden zum Reiz der Altstadt bei, auch wenn einige davon sehr heruntergekommen sind. Andere beherbergen verschiedene Ämter und Institutionen und ein großer Teil davon wird nach wie vor als Wohnhäuser genutzt, heute allerdings eher für die einfacheren Schichten, gerade bei Studenten sind die Wohnungen sehr beliebt. Durch die gemischte und recht junge Anwohnerschaft wird die Altstadt zusätzlich belebt und es entstehen fortwährend neue Bars, Clubs und einfache Restaurants, die den Studenten abends als Treffpunkte dienen.

Einige der *palazzi* werden ihrer deutschen Übersetzung durchaus gerecht, es handelt sich dabei um die deutlich größeren, früheren Königspaläste, der beeindruckendste ist wohl der Palazzo Reale, dessen Grundstein in der ersten Hälfte des 16. Jahrhunderts gelegt wurde. Auftraggeber war der damalige spanische Vizekönig Pedro Álvarez de Toledo. Im Jahre 1735 wurde der Palast schließlich zur Königsresidenz für das damals unabhängig gewordene Königreich Neapel.

In der Mitte des 19. Jahrhunderts machte ein Brand einige Umbau- und Restaurationsarbeiten nötig und im Jahre 1888 ließ König Umberto I. Statuen verschiedener Herrscher Neapels aufstellen, die den Palast bis heute zieren. Die beeindruckende Außenansicht inspirierte im Laufe der Jahrhunderte zahlreiche Künstler, die sie in ihren Gemälden verewigten, weshalb Ihnen das Gebäude, wenn Sie dann tatsächlich davorstehen, durchaus bekannt vorkommen könnte. Ein Besuch lohnt sich aus mehreren Gründen: Zunächst einmal zur Besichtigung der königlichen Gemächer und repräsentativen Räumlichkeiten.

Auch wenn Sie bereits einige Königshäuser besichtigt haben und der Besuch eines weiteren Prunkpalastes nicht unbedingt weit oben auf Ihrem Wunschzettel steht, sollten Sie sich den Palazzo Reale nicht entgehen lassen. Der imposante Treppenaufgang ist einer der kunstvollsten nicht nur Italiens und in seiner Detailfülle und –harmonie einzigartig.

Die königlichen Gemächer und der historische Thron geben einen faszinierenden Einblick in den Prunk des höfischen Neapels vergangener Zeiten und ein besonderes Highlight ist das Hoftheater, das auch heute noch als solches fungiert und die Möglichkeit bietet, in königlich-historischem Umfeld beispielsweise Konzerten zu lauschen oder Opernaufführungen zu sehen. Ebenfalls einen Blick wert sind die Gärten im Palasthof, die mehrmals im Jahr als Kulisse für verschiedene Kulturveranstaltungen dienen.

Leider sind sie nicht an jedem Tag zu besichtigen, man sollte sich also vorab bezüglich der aktuellen Öffnungszeiten erkundigen. Im Ostflügel des Palastes ist zudem seit dem frühen 20. Jahrhundert die Nationalbibliothek untergebracht, die einige Schriften von unvergleichlichem historischem Wert beinhalten, darunter Papyrussammlungen aus dem beim Ausbruch des Vesuvs untergegangenen Herculaneum sowie eine koptische Bibel, die sich auf das 5. Jahrhundert datieren lässt.

Der Palast liegt an der Piazza del Plebiscito, dem Platz der Volksabstimmung, in der die Neapolitaner im Jahre 1870 ihre Eingliederung in das Vereinte

Königreich Italien beschlossen. Die Bibliothek ist frei zugänglich, für die Besichtigung der Palasträumlichkeiten ist Eintritt in Höhe von sechs Euro (ermäßigt: zwei Euro) zu bezahlen. Begeisterten Schlossbesuchern bietet sich in nicht allzu weiter Entfernung ein zweiter Palast an, der Palazzo Reggia di Capodimonte, er liegt allerdings nicht mehr innerhalb der denkmalgeschützten Altstadt.

Von der Piazza Dante, an der Sie Ihren Altstadtrundgang begonnen haben, bringen mehrere Buslinien Sie zu der früheren Sommer- und Jagdresidenz der Bourbonen zur Zeit des Königreichs beider Sizilien. Mit ihrer reizvoll rot-grau kontrastiven Außenfassade und weitläufigen Gartenanlagen lockt sie Schlossbesucher an. Vor allem aber ist das im Palast gelegene Kunstmuseum einen Besuch wert, von dem Sie später noch genauer lesen werden, da es Gemälde einiger der bedeutendsten Maler der westlichen Kunstgeschichte beherbergt.

Wer von Palästen noch nicht genug hat, sollte unbedingt auch einen Blick auf den Palazzo Spinelli di Laurino in der Via dei Tribunali werfen, ein besonders schönes Exemplar typisch neapolitanischer Stadtpalazzi des 18. Jahrhunderts, der vor allem mit

der außergewöhnlichen, ovalen Form seines Innen-
hofs beeindruckt.

Im Zeichen von San Gennaro: Kirchen und Klöster als Zentren religiösen Lebens

Wenn man sich mit den Bauwerken Neapels beschäftigt, dürfen vor allem die Kirchen nicht fehlen
und das nicht nur aus dem Grund, dass sie überaus
zahlreich und in vielen Fällen wirklich schön und besonders sind, sondern auch, weil Religion dort auch
heute noch eine weitaus bedeutendere Rolle spielt,
als man es aus Deutschland gemeinhin kennt. Dies
gilt nicht nur für Neapel, sondern allgemein für den
Süden Italiens, insbesondere für die ländlichen Gebiete, aber auch in der Millionenstadt Neapel hat die
katholische Kirche eine Bedeutung, deren Selbstverständlichkeit in Deutschland nicht zu finden ist.

Die Kirche und ihre Festtage strukturieren in
entscheidendem Maße den Jahresablauf der Gesell-
schaft und neben den allgemein verbreiteten hohen
Feiertagen kennt der Glaube dort noch eine Vielzahl
weiterer Festtage und Bräuche, die insbesondere
mit lokal besonders verehrten Heiligen zu tun haben. Im Stadtgebiet stehen unzählige Kirchen und
Kapellen und überall im Geflecht der Gassen und

Straßen finden sich kleine, altarartige Vitrinen oder vergitterte Mauernischen mit Heiligenbildern und Statuen, vor denen Menschen Kerzen anzünden und Blumen ablegen. Die bedeutendste Figur ist jedoch San Gennaro (Januarius), ein früherer Bischof von Neapel und heutiger Stadtpatron, dem durchweg höchste Verehrung zuteilwird.

Mit ihm in besonderer Verbindung steht die Kathedrale von Neapel in der Via Duomo, meist Duomo di San Gennaro genannt, obwohl sie mit ihrer offiziellen Bezeichnung Duomo di Santa Maria Assunta eigentlich der Himmelfahrt Marias geweiht ist. Die Kathedrale fußt auf den Fundamenten zweier Basiliken aus der Frühzeit des Christentums, eine aus dem 4. Jahrhundert, deren Struktur heute noch in großen Teilen neben dem linken Seitenschiff vorhanden ist, eine zweite ging beim Neubau im 13. Jahrhundert verloren. Im Laufe der Jahrhunderte wurden immer wieder bauliche Änderungen vorgenommen.

Die wohl bis heute interessanteste Struktur wurde in den Jahren um 1500 herum hinzugefügt, es handelt sich um die unter dem Altarraum liegende Cappella di Succorpo, auch Cappella del tesoro di San Gennaro (Schatzkapelle des heiligen Januarius) genannt, die mit kostbarer Dekoration im Stile der Renaissance erbaut wurde, um die Reliquien des Stadtpatrons von Neapel zu beherbergen.

Seine Gebeine wurden im 9. Jahrhundert nach Neapel zurückgebracht und für den 17. August 1389 wird erstmals das heute in Neapel so bekannte Blutwunder bezeugt. Für Katholiken aus der ganzen Welt sind mehrere, fest verschlossene, im Dom aufbewahrte Ampullen ein Begriff, die der Überlieferung zufolge Blut des Märtyrers San Gennaro enthalten, dessen Enthauptung um 305 n. Chr. als historisch weitgehend gesichert gilt. An drei für die Stadt besonderen Tagen im Jahr werden die Ampullen hervorgeholt, zum Altar gebracht und hin- und hergewendet, bis das getrocknete Blut flüssig erscheint, diese sind das Fest der Translation am 1. Mai, der Festtag des San Gennaro am 19. September und der 16. Dezember, den die Neapolitaner als den Gedächtnistag der Warnung vor dem Vesuvausbruch im Jahre 1631 betrachten.

Bleibt das Wunder der Blutverflüssigung aus, gilt dies der Bevölkerung als schlechtes Zeichen. Besonders der Tag des San Gennaro ist für die Bevölkerung bis heute ein hoher Feiertag, der mit aufwändigen Festlichkeiten – vor allem beeindruckenden Prozessionen – begangen wird und wer dem Gottesdienst mit der Reliquienverehrung beiwohnen möchte, muss frühzeitig kommen.

Wer die Gelegenheit bekommt, diese Feierlichkeiten mitzuerleben, sollte sich das nicht entgehen lassen, sie vermitteln auf äußerst eindrückliche und intensive Weise die Bedeutung solcher religiöser Belange im Alltagsleben der Neapolitaner. Wer nicht zufällig am 19. September in Neapel ist, sollte es trotzdem nicht versäumen, die Kathedrale zu besuchen und die Spuren der Jahrhunderte in den kleinen Schritten ihrer baulichen Entwicklung zu bestaunen, außerdem lässt sich stets auch die Krypta mit den Heiligenreliquien besichtigen.

Nur einige Straßen vom Dom entfernt liegen zwei weitere Kirchen, in die sich ein Blick für jeden Besucher unbedingt lohnt: Die Basilika Santa Chiara mit dazugehörigem Kloster und gegenüber gelegen die Jesuitenkirche Gesù Nuovo. Santa Chiara wurde im 14. Jahrhundert erbaut, im 2. Weltkrieg vollständig zerstört und mit Spenden der Bevölkerung im Originalstil wiederaufgebaut. Bekannt ist die Kirche vor allem für ihre Königsgräber und einen

Kreuzgang. Gesù Nuovo birgt eine Überraschung: Von außen wirkt die Kirche mit ihrer schlichten, unauffälligen Form und Fassade völlig unspektakulär, tritt man aber durch ihre Pforten, offenbart sich eine überwältigend prächtige, barocke Innenausstattung, die einen sprachlos macht.

Wenn man noch ein wenig umherstreift in dem Gebiet zwischen diesen beiden Kirchen und der Kathedrale, so stößt man auf zahlreiche weitere Kirchen, in die es sich lohnt, einen kurzen Blick zu werfen. Sie überraschen mit der Vielfalt der unterschiedlichsten Epochen, aus denen sie stammen und liegen eingebettet in das dichte Straßengeflecht der Innenstadt.

Statuen und Mosaike, Tizian, Botticelli, Raffael: Bedeutende Funde und die großen Meister in Neapels Kunstmuseen

In einer Stadt mit der kulturellen Geschichte Neapels dürfen natürlich Museen unterschiedlichster Art nicht fehlen. Eines der beiden bekanntesten ist kein Kunstmuseum, sondern eines der weltweit wichtigsten derartigen archäologischen Museen, das Archäologische Nationalmuseum Neapel. Den Reichtum und ausgezeichneten Zustand seiner Exponate verdankt es einmal mehr dem Schicksalsberg Vesuv, der östlich von der Stadt thront. Das Renaissancegebäude präsentiert auf vier Etagen teils weltbekannte Objekte aus der vorrömischen Zeit Neapels, aus der altägyptischen Kultur sowie eine umfangreiche Sammlung unterschiedlichster Artefakte und Funde aus den vom Vesuv im Jahre 79 n.Chr. verschütteten römischen Städten Pompeji, Herculaneum, Oplontis und Stabiae.

Dort gibt es beispielsweise eine außergewöhnlich gut erhaltene Sammlung an Bronzestatuen aus der Villa dei Papiri, die in Pompeji ausgegraben wurde sowie die weltbekannte Farnese-Sammlung, die Statuen und Gemälde enthält. Besonders erwähnenswert ist die Herkulesplastik aus besagter Sammlung. Sie zeigt den antiken Helden ruhend nach Vollbringung seiner Taten und ist in seiner Kompositionsform eines der vollkommensten Exemplare, mehr als 200 Nachbildungen aus der altrömischen Zeit belegen, welche Faszination von dem Meisterwerk auch schon für damalige Zeitgenossen ausging.

Weitere Schätze im Bereich der Statuen sind die sogenannte Gruppe der Tyrannenmörder sowie die

Venus Kallipygos, was so viel bedeutet wie „die Prachthintrige", dementsprechend blickt sie über ihre Schulter, in dem Versuch ihren Hintern zu sehen. Neben den zahlreichen Statuen und Alltagsfunden aus vor allem Pompeji und Herculaneum ist insbesondere das Alexandermosaik erwähnenswert.

In seiner verblüffend kleinteiligen Detailfülle ist es ein mehr als beeindruckendes Musterbeispiel antiker Mosaikkunst, die den Betrachter angesichts seiner Perfektion und seiner Eindringlichkeit staunend zurücklässt. Gefunden wurde das Mosaik ebenfalls im Zuge von Ausgrabungen in Pompeji im sogenannten Haus des Fauns und es zeigt – bestehend aus etwa einer Million kleinster Steinchen – entweder die Schlacht bei Issos oder bei Gaugamela, in welchen Alexander jeweils versuchte, Dareios III. zu bezwingen.

Ganz anderer Natur sind die Kunstschätze, die sich dem Besucher im *gabinetto segreto*, dem geheimen Kabinett, offenbaren, das – wie der Name besagt – der Öffentlichkeit lange Zeit nur eingeschränkt oder gar nicht zugänglich war. Der Grund hierfür liegt in der Art der Exponate, die allesamt erotische Motive zum Inhalt haben. Auch hier stammt ein Großteil der Exponate aus Pompeji und war dort Teil der Inneneinrichtung der früheren Bordelle. Man findet gut erhaltene Fresken, die erotische Situationen mit antiken Götter- und Sagengestalten ebenso darstellen wie alltägliche sexuelle Interaktionen, auch Reliefs und Statuen zeigen beispielsweise Mercurius mit überdimensioniertem erigiertem Glied oder das erotische Zusammentreffen Pans mit einer Ziege.

Zudem erfreuen eine Vielzahl von Alltagsgegenständen in anzüglicher Ausgestaltung den Betrachter, so finden sich beispielsweise phallusförmige Kerzenhalter oder ein Zieranhänger in Gestalt eines geflügelten Penis. Nebenbei bemerkt liegt das Museum zentral in der Altstadt und ist mit der U-Bahn-Linie 1 zu erreichen, wobei bereits der Ausstieg ein Erlebnis ist, denn die Haltestelle Museo ist mit schönen Schwarzweiß-Fotografien von Mimmo Jodice sowie der Statue *Calcio dell'Ercole Farnese* ausgestaltet.

Der Eintrittspreis liegt bei 15 € für Erwachsene, junge Menschen zwischen 15 und 18 Jahren bezahlen die Hälfte und für Minderjährige ist der Eintritt kostenlos. Besonders interessant: Von Oktober bis

März ist am jeweils ersten Sonntag des Monats der Eintritt für alle Besucher frei, zusätzlich gibt es das ganze Jahr über immer wieder Kulturveranstaltungen der Stadt, im Zuge derer der Eintrittspreis ebenfalls entfällt, am besten informieren Sie sich vor Ihrem Besuch online auf der Internetseite des Museums, wo Sie detaillierte Informationen darüber auch in englischer Sprache finden. Zu beachten ist außerdem, dass das Museum dienstags grundsätzlich geschlossen bleibt.

Das zweite Museum Neapels, das man sich als Besucher der Stadt keinesfalls entgehen lassen sollte, ist das bereits erwähnte Museo e Gallerie Nazionali di Capodimonte im Palast Reggia di Capodimonte. Nach den archäologischen Höhepunkten von über zweitausend Jahren europäischer Kulturgeschichte tauchen Sie hier in die Glanzpunkte der Kunstgeschichte ein. Wie eingangs berichtet, ist schon das Schlossgebäude an sich mit den umgebenden Hofgärten einen Besuch wert und da die Kunstsammlung des Museums äußerst umfangreich ist, sollten Sie für Ihren Besuch ausreichend Zeit einplanen. Wer seinen Besuch beispielsweise mit einer Picknickpause im Schlossgarten verbinden möchte,

für den bietet es sich durchaus an, den Museumsbe-
such als Tagesausflug zu konzipieren, in den Nach-
mittag- bzw. Abendstunden bleibt dann noch Zeit für
einen schönen Spaziergang mit atemberaubendem
Ausblick auf den Golf von Neapel.

Das Schloss beherbergt unterschiedliche Ausstellungen, bzw. Sammlungen, von denen nicht alle
immer zugänglich sind, auch hierfür sollten Sie sich
vorab auf der Internetseite informieren. Der Palast
wurde von König Karl VII. bereits unter anderem mit
der Absicht erbaut, der berühmten Farnese-Kunst-
sammlung, die er geerbt hatte, ein würdiges Zuhause
zu bieten und auch heute noch findet sich dort die
umfangreiche Gemäldesammlung, wohingegen Sie
den Statuen schon im Archäologischen Museum be-
gegnet sind.

Die Exponat-Liste der Gemälde liest sich wie ein
Who-is-Who der Kunstgeschichte – vor allem der
Renaissance: Der Besucher hat die Möglichkeit,
Werke von Malern wie Masaccio, Botticelli, Raffael,
Tizian, Caravaggio und Giordano zu bestaunen, die
seit Jahrzehnten Besucher aus allen Teilen der Welt
nach Neapel locken. Ebenfalls weltweit einzigartig
ist die Sammlung an Gemälden der Neapolitanischen

Schule von Künstlern wie Andrea da Salerno, Jusepe de Ribera, Massimo Stanzione, Bernardo Cavallino oder Mattia Preti. Andere Ausstellungen des Museums zeigen Druckgrafiken und Malereien des 19. Jahrhunderts, Kunsthandwerk wie Glas und Keramik aus der sogenannten Capodimonte-Schule und eine Sammlung an zeitgenössischer Kunst mit Werken von beispielsweise Jannis Kounellis und Sigmar Polke. Der volle Eintrittspreis beträgt 14 €, junge Erwachsene bis zum Alter von 24 Jahren zahlen 8 €, für Minderjährige ist der Eintritt frei, zudem gibt es auch hier spezielle Tage, an denen es Ermäßigungen gibt, es lohnt sich also, vorab die Website zu konsultieren.

Besonders kunstbeflissene Stadtbesucher müssen sich keinesfalls mit dem Capodimonte-Museum zufrieden geben, ganz im Gegenteil locken eine Vielzahl weiterer Galerien und Kunstmuseen sowohl im neapolitanischen Stadtgebiet als auch in der nahen Umgebung mit Exponaten und Ausstellungen verschiedenster Art, besonders erwähnenswert sind die umfangreiche private Sammlung Pio Monte della Misericordia, zu der ebenfalls eine Kirche mit einem berühmten Altarbild von Caravaggio gehört, sowie

der Palazzo delle Arti di Napoli, der sich mit zeitgenössischer Kunst befasst.

DEN BLICK WEITER SCHWEIFEN LASSEN: AUS DEM STADTZENTRUM IN DIE VORORTE

Dank der reichen und vielfältigen Kunst- und Kultur-
schätze Neapels war es für die bislang besuchten Sehenswürdigkeiten kaum nötig, das Altstadtzentrum
zu verlassen, es gibt jedoch einige gute Gründe, sich
weiter hinaus in die Randbezirke und Vororte zu wagen. Allein der Weg dorthin ist interessant, da man
eindrücklich und ungeschönt einen Einblick in die
gesellschaftliche und soziale Vielfalt Neapels erhält,
womit auch einige der größten Probleme, mit denen
die Stadt zu kämpfen hat, deutlich werden. Da wären
zum einen prekäre Wohnverhältnisse in Teilen der
Außenbezirke, wo in teilweise stark herunterge-
kommenen Hochhäusern wenig zu sehen ist vom
Glanz der ehemals königlichen Innenstadt, zum Anderen gibt es in einigen Gebieten eklatante Probleme
der Überbevölkerung und genereller Armut, was zusammenhängt mit der auch im nationalen Vergleich

hohen Arbeitslosigkeit sowie dem nach wie vor nicht überwundenen Einfluss der Organisierten Kriminalität. Nun sind dies sicher keine Dinge, die man besichtigt, weil das Auge sich daran erfreut, aber zum Einen sind diese Aspekte des neapolitanischen Lebens nun einmal nicht wegzudenken und vielmehr noch nicht vernachlässigbar, wenn man versucht, die Stadt, ihre Bewohner und deren Leben zu erkunden und zu begreifen, und zum Anderen führt kaum ein Weg daran vorbei, wenn man das Gesamtkunstwerk der Innenstadt auch einmal hinter sich lassen möchte. Die Museen und Gebäude der Innenstadt mögen reichhaltige und für sich genommen unvergleichliche Schätze bieten, aber was Neapel tatsächlich weltweit einzigartig macht, liegt an seinen fransigen, weitgefassten Rändern.

Leben am Eingang zur Hölle: Der Vesuv und die Phlegräischen Felder

Der Erste thront markant und eindrucksvoll östlich der Stadt und ist ein nicht wegzudenkender Teil des neapolitanischen Panoramas. Es gibt kaum einen Ort in der Stadt, von dem aus der Vesuv nicht sichtbar und mächtiger, imposanter Teil der Kulisse ist und natürlich hat kaum etwas der Stadt zu einer solchen weltweiten Bekanntschaft verholfen wie dieser gewalttätige Berg. Er gilt den Neapolitanern als Schicksalsberg und das aus gutem Grunde, denn für das Ausmaß der Zerstörung und Vernichtung, die dieser Vulkan zu bringen vermag, gibt es imposante und ausführliche Belege.

Beim Vesuv handelt es sich um einen heute 1281 m hohen Vulkan, der eigentlich aus zwei Kegeln besteht, von denen der Äußere seit der Pompeji-Eruption von 79 n.Chr. kaum mehr sichtbar ist und mit Auswurfprodukten nachfolgender Ausbrüche nahezu vollständig aufgefüllt. Er macht durch wiederkehrende, plinianische (also höchst explosive) Ausbrüche auf sich aufmerksam, von denen der letzte die Bevölkerung im Jahr 1944 erschreckte.

Obwohl es sich dabei um eine relativ kleine Eruption handelte, zerstörte sie doch zwei nahegelegene Dörfer, Massa di Somma sowie San Sebastiano, nahezu vollständig, ebenso die Drahtseilbahn, die bis dato auf den Gipfel führte und forderte 26 Menschenleben. Von archäologischen Ausgrabungen und geologischen Untersuchungen des Umlandes weiß man heute jedoch, dass der Vulkan zumindest in der Vergangenheit zu weitaus mächtigeren

Ausbrüchen in der Lage war, deutlich verheerender noch als derjenige, der Pompeji verschüttete. Der Vesuv ist aus mehreren Gründen auch heute noch ein ungewöhnlicher Fall. So ist er zunächst einmal der am aufmerksamsten und engmaschigsten überwachte Vulkan der Welt, was gute Gründe hat. So führen die antiken Ausgrabungsorte den Menschen deutlich vor Augen, mit welchen Folgen „ihr" Vulkan zu wüten vermag, vor allem aber befinden sich im möglichen Einzugsgebiet seiner Zerstörungskraft über drei Millionen Menschen.

Viele Besucher des Vesuv sind erstaunt, bei ihrem Ausflug festzustellen, dass nicht nur das direkte Umland äußerst dicht besiedelt ist, sondern sogar an den Hängen kleine Siedlungen liegen und bis weit den Berg hinauf führt die sich in engen Serpentinen schlängelnde Straße an Gebäuden und kleinen Ansiedlungen vorbei. In dieser Hinsicht lernt man auch vom Vesuv Einiges über die Einstellung und Gestimmtheit der Neapolitaner. Wenn man mit Bewohnern der Stadt oder der kleinen Siedlungen am Berg spricht und sich danach erkundigt, wie man denn in unmittelbarer Reichweite eines solchen Pulverfasses ruhig schlafen könne, so trifft man auf lebhafte

Unaufgeregtheit. Die einen zucken mit den Schultern und verweisen auf die zahlreichen Frühwarnsysteme sowie Evakuierungspläne, deren Unzulänglichkeit im Falle eines großen Ausbruchs jedoch nicht einmal von Experten bezweifelt wird, die anderen hoffen auf San Gennaro, der auch als Schutzpatron gegen Vulkanausbrüche gilt und nicht wenige verfallen in nur teilweise ironisches Händeringen, man habe mit der Gefahr schon immer gelebt und dem Willen des Herrn sei nichts entgegenzusetzen und bis der letzte Tag einmal womöglich käme, lebe man prächtig an den fruchtbaren, üppigen Wein tragenden Hängen des Berges.

Auch diese Seite der sonst so bedrohlichen vulkanischen Aktivitäten wird deutlich, wenn man sich auf den Berg hinaufwagt: Es war stets der überaus fruchtbare Boden, der die Menschen nach jeder Katastrophe wieder zurück an diese gefährlichen Hänge lockte, ausgeworfene Lava und Asche sorgen für die mineralische Ergiebigkeit der Erde und in einer heißen und oft über lange Strecken des Jahres trockenen Gegend wie der um Neapel stellte dies schon vor Jahrhunderten einen unschätzbaren Vorteil dar. Es gibt übrigens heute einen Wein, der überall um den Vesuv herum und sogar in einer Hütte nahe des Kraters ausgeschenkt wird und direkt von seinen Hängen stammt, er wird Lacryma Christi genannt, Träne Christi.

Wer heute den Vesuv besuchen möchte, hat indes aller Wahrscheinlichkeit nach nichts zu befürchten: Außer mit leichten Erdbeben und einigen Fumarolen (Wolken entweichender vulkanischer Gase und Dämpfe) hat er seit längerer Zeit nicht mehr auf sich aufmerksam gemacht und aufgrund der sorgfältigen Überwachung seiner Tätigkeiten ist davon auszugehen, dass sich den Forschern ein erneuter Ausbruch vorzeitig ankündigen würde.

Der gefährlichste Teil eines Ausflugs zum Gipfel ist sicherlich die Anfahrt entlang der eng geschwungenen Serpentinenstrecke, die vor allem die einheimischen Busfahrer in manchmal halsbrecherisch scheinender Geschwindigkeit hinaufbrausen. Wenn Sie einen Ausflug wagen möchten, was unbedingt zu empfehlen ist, haben Sie verschiedene Möglichkeiten, den Kraterrand zu erreichen. Die Wanderung beginnt üblicherweise auf der Höhe von etwa 1000 m durch den Nationalpark Vesuvio hindurch. Dort finden sich einige kleine Hütten, die Karten,

Souvenirs und Getränke verkaufen und am Stand des Nationalparks kann man Informationsmaterial erhalten, außerdem findet sich hier die Kasse zum Eintritt in den Nationalpark mit Krater. Bis zu diesem Parkplatz fahren die Busse, die man beispielsweise von Herculaneum oder Pompeji nehmen kann und auch, wer lieber mit dem eigenen Auto anfährt, muss von hier an zu Fuß weiter.

Ein Schotterpfad führt die letzten paar Hundert Meter hinauf und schon beim Aufstieg wird auf eindrucksvolle Art deutlich, dass man sich in geologisch grundlegend anderes Terrain begibt. Pflanzenwachstum ist kaum mehr vorhanden und sowohl der Pfad als auch die Hänge daneben bestehen, je weiter man hinaufsteigt, nahezu ausschließlich aus Vulkangestein, das bei vergangenen Ausbrüchen entstanden ist und an seiner charakteristischen großporigen und größtenteils hohlen Gestalt leicht zu erkennen ist.

In unmittelbarer Kraternähe kann man schließlich erste gelbliche Gesteinsverfärbungen erkennen, die vom fortwährenden Schwefelausstoß herrühren. Auf dieser Höhe weht oft eine steife Brise, zudem ist es bedeutend kühler als unten im Tal und die grundlegende Veränderung der gesamten Umgebung weckt zunehmend nachdrücklich das Gefühl, dass man sich einem Ort der Extreme nähert und macht es leicht, sich die konkrete Realität hinter den naturwissenschaftlichen Fakten vorzustellen.

Hat man dann nach einer zwanzig- bis dreißigminütigen Wanderung den Gipfel erreicht, so blickt man direkt in den Schlund des Feuerbergs. Zwar wartet der nicht wie etwa die durchgehend aktiven hawaiianischen Vulkane mit spektakulären Phänomenen wie Lavakesseln oder Explosionswolken auf, trotzdem oder gerade deswegen ist der Blick in den Krater äußerst beeindruckend. Man sieht in einen kegelförmigen Kessel, aus dem an unterschiedlichen Stellen dünne Wolken vulkanischer Gase und Dämpfe aufsteigen.

Es ist ein nahezu überraschend ruhiger Anblick, der jedoch seine Unschuld verliert, wenn man an die Verheerung denkt, die er im Fall seines Erwachens bereits wieder und wieder über die Umgebung gebracht hat. Noch beeindruckender wirkt die Szenerie, wenn man sich die Größenverhältnisse vor Augen führt: Der Krater würde heute in etwa von einem großen Hochhaus ausgefüllt und er entspricht in seiner Ausdehnung ungefähr dem Teil des Gipfelgesteins, das während der Pompeji-Eruption bei der initialen Explosion weggesprengt wurde. Die Dimensionen der Wucht eines solchen Ereignisses machen die Geschehnisse in den verschütteten Ortschaften am Fuß des Berges noch eindrücklicher und wenn man sich anschließend für einen Ausflug zu einer der Ausgrabungsstätten entscheidet, begreift man die Unmittelbarkeit der Folgen dieser Naturkatastrophe für die Einwohner. Die Stille und Kargheit auf dem Gipfel machen es leicht, sich die Ausmaße dieser Naturgewalt und ihrer Folgen tatsächlich vor Augen zu führen.

Wenn Sie sich auf den Weg machen wollen zu diesem eindrucksvollen Erlebnis, sollten Sie vorab ein paar Dinge bedenken. Die Anreise ist entweder einmal täglich ab Pompeji mit einem Linienbus möglich, was mit einem Fahrpreis von knapp 3 € die günstigste Variante ist, allerdings müssen Sie in diesem Fall für das Betreten des Nationalparks um den Gipfel herum gesondert Eintritt in Höhe von 10 bzw. 8 € zahlen. Alternativ fahren den ganzen Tag über private Busunternehmen von Herculaneum und Pompeji aus zum Vesuv, Endhaltepunkt ist in jedem

Falle der Parkplatz bei der Kasse. Für die Privat-
busse ist ein Fahrpreis von etwa 15 € zu entrichten,
allerdings sind hierbei die Eintrittsgebühren in der
Regel bereits im Preis enthalten.

Sollten Sie sich für die Anreise im PKW entscheiden, wird noch eine Parkgebühr fällig. Der Aufstieg
zum Kraterrand verlangt nach festem Schuhwerk, da
man über sehr lockere und recht steile Schotterpis-
ten teils aus leichtem Vulkangestein läuft. Der Weg
wird von sportlichen Wanderern in etwa zwanzig
Minuten bewältigt, allerdings ist der Aufstieg stre-
ckenweise stark ansteigend und nicht nur für Unge-
übte anstrengend. In jedem Falle sollten Sie daran
denken, eine zusätzliche Jacke einzupacken, da es
am Kraterrand gerade im Sommerhalbjahr deutlich
kälter ist als im Tal. Unbedingt ins Gepäck sollte die
Kamera, denn vom Kraterrand aus genießt man einen unvergleichlichen Ausblick über die Stadt, das
Umland und weite Teiles des Golfs von Neapel und
kann bei klarem Wetter sogar Pompeji ausmachen.

Der Vesuv ist schon seit Langem im Verruf, der
Eingang zur Hölle zu sein und man fürchtet sein Wüten, allerdings könnte die Gewalt seiner Ausbrüche
blass werden vor einer anderen Gefahr, die der Stadt

aus westlicher Richtung droht. Zu großen Teilen flach und völlig unauffällig lauert tief unter der Erde von Neapels Randgebiet die Magmakammer einer Vulkanstruktur, die Wissenschaftler vor noch nicht allzu langer Zeit erst als Supervulkan identifiziert haben. Sie ist ein als Phlegräische Felder (was in etwa so viel heißt wie „brennende Felder") bekanntes Gebiet, das sich ab dem Stadtrand von Neapel am Meer entlang erstreckt und war ursprünglich ein einziger Riesenvulkan, dessen heutiger Krater nicht sichtbar unter dem Meer liegt.

Allerdings gibt es innerhalb des Gebietes, das heute den Vulkan darstellt, etwa 50 kleine Eruptionsherde und Forschungen haben ergeben, dass der gesamte Komplex sich eine gigantische Magmakammer mit dem Vesuv teilt, wodurch gewissermaßen die Stadt auf einem riesigen Pulverfass sitzt. Geologischen Untersuchungen zufolge war der erste bekannte Ausbruch der Phlegräischen Felder mit den heftigsten bekannten Eruptionen der historischen Zeit vergleichbar und von späteren Ausbrüchen fand man im Umkreis von 150.000 Quadratkilometern Ablagerungen.

Vor Kurzem wurden Belege dafür entdeckt, dass

der Supervulkan möglicherweise häufiger demzufolge in kürzeren Intervallen ausgebrochen ist als bislang angenommen, was eine erneute Eruption wahrscheinlicher macht. Ein solches Ereignis hätte europaweit starke Auswirkungen und würde das Umland unter einer meterhohen Ascheschicht begraben, weswegen Wissenschaftler den Vulkan mittlerweile ebenso gründlich überwachen wie den Vesuv.

Derzeit sind die Phlegräischen Felder durchaus aktiv, der Boden hob sich in jüngster Vergangenheit an manchen Stellen um 40 Zentimeter und es traten kleinere Erdbeben auf, allerdings hatte er sich in den Achtzigerjahren bereits einmal um zwei Meter gehoben, woraufhin Ausbrüche aber ausblieben. Über die gesamte Fläche des Vulkans erstrecken sich Gebiete vulkanischer Aktivität und wer die rastlose Tätigkeit aus der Nähe sehen möchte, der sollte einen Ausflug zum Solfatara machen.

Dabei handelt es sich um den wohl spektakulärsten Krater der Phlegräischen Felder, er hat einen Durchmesser von knapp 800 Metern, ist zu einer Seite hin offen und sein Kraterboden ist flach, was ihn leicht begehbar macht. Wenn man sich in diesen

Schlund wagt, vergisst man leicht, dass man sich in Süditalien befindet, die Landschaft scheint besser nach Island oder gar auf den Mond zu passen und der über allem liegende Schwefelgeruch und die Dampfschwaden verleihen der Szene etwas Surreales und Entrücktes.

Es gibt im Krater kein Pflanzenwachstum und die wie aufgerissen wirkende, felsige Landschaft strahlt deutlich ihre Lebensfeindlichkeit aus. Als Besucher kann man durch dieses Szenario wandeln und immer wieder neue Eigenartigkeiten entdecken. So gibt es Felsspalten und Bodenlöcher, aus denen laut zischend schwefelhaltige Dampf- und Gasfontänen hervorschießen, denen man sich nur vorsichtig nähern sollte, da manche mit einer Temperatur von bis zu 160 Grad austreten, an anderen Stellen ist der Boden nicht fest und bewegt sich, über die Kraterfläche verteilt liegen Tümpel kochenden Schlamms, der Blasen wirft und es gibt eine alte Steinstruktur, die zeigt, wie bereits die Römer sich die Wärmekraft der vulkanischen Aktivitäten zunutze gemacht haben.

Es fällt leicht, sich vorzustellen, warum dieser Krater den Römern einst als Heimat des Feuergottes Vulcanus galt und auch heute kann man ihn mit Fug und Recht als Tor zur Unterwelt verstehen, da er ja tatsächlich eine außergewöhnliche Verbindung zu den Vorgängen tief im Erdinneren darstellt. Die Grundfarbe der felsigen Umgebung ist ein kalkiges Weiß und beim Herumwandern in dieser extremen Landschaft entdeckt man allenthalben in unterschiedlicher Ausprägung gelblich bis nahezu rötlich geschwefeltes Gestein und auch andere Mineralien aus der Tiefe der Erde haben sich sichtbar abgelagert. Nirgendwo sonst auf dem europäischen Festland wird die urzeitliche, üblicherweise tief im Erdinneren verborgene Gewalt der ursprünglichsten Kräfte unseres Planeten so unmittelbar erfahrbar.

Man begreift auf sehr eindrückliche Weise, dass diese Vorgänge tief unter unseren Füßen – auch, wenn Jahrzehnte oder gar Jahrhunderte alles friedlich zu schlummern scheint – seit der Entstehung der Erde niemals aufgehört haben und bis heute die Lebensbedingungen und das Klima unserer Welt bestimmen. Ein Besuch des Solfatara ist eine unvergleichliche Erfahrung, die man sich keinesfalls entgehen lassen sollte, wenn man in Neapel ist. Man erreicht ihn leicht mit der Metro, die Haltestelle hierfür ist Pozzuoli, der kleine Vorort Neapels, in dem der Krater liegt. Von dort ist er in etwa zehn Minuten zu Fuß zu erreichen, für das Betreten des Kraterbereichs ist Eintritt in Höhe von 8 bzw. 5 € zu bezahlen. Einige wichtige Hinweise für den Besuch: Nach einem Unfall im Krater, bei dem drei Mitglieder einer Familie ums Leben kamen, ist der Vulkan derzeit für Besichtigungen geschlossen, da noch nicht abschließend geklärt ist, ob Fahrlässigkeit und die Missachtung von Verboten für die Todesfälle ursächlich waren oder ob für Besucher eine generelle Gefahr nicht ausgeschlossen werden kann. Deshalb unbedingt vorab auf der Internetseite informieren, dort wird der Zeitpunkt der Wiedereröffnung bekannt gegeben.

Diese tragischen Vorkommnisse sind ein nachdrücklicher Beleg für den zweiten Hinweis: Obgleich Absperrungen und Verbote bei allen Besichtigungen grundsätzlich zu respektieren sind, so gilt dies doch noch einmal in ganz besonderem Maße für den Besuch eines aktiven Vulkankraters. Gerade die Phänomene, mit denen der Solfatara seine Besucher beeindruckt, bergen nicht abschätzbare Gefahren, so ist manchmal nicht erkennbar, dass einen Meter hinter einer Absperrung der Boden nicht mehr fest ist und aus kochendem Schlamm besteht oder dass in bestimmten Bereichen die Gaskonzentrationen so hoch sind, dass man das Bewusstsein verlieren würde, nur mal eben kurz unter einer Absperrung hindurch zu schlüpfen, weil einem etwa das Handy heruntergefallen ist empfiehlt sich also nicht. Es ist deswegen ein Gebot der Vernunft, sich an diesem Ort peinlich genau an die geltenden Vorschriften zu halten. Ebenfalls hingewiesen sei an dieser Stelle noch einmal auf die bereits erwähnten Schwefelgase.

Vermutlich jedem ist der von ihnen verbreitete Geruch nach faulen Eiern bekannt und zudem wurden gerade diese Ausgasungen lange Zeit für Kurzwecke verwendet, man sollte allerdings bedenken, dass je nach Wetter und dem aktuellen Ausmaß der vulkanischen Aktivitäten der Geruch tatsächlich extrem sein kann und wer in dieser Hinsicht empfindlich ist, wird einen Besuch so möglicherweise nicht genießen können. Der Gestank durchzieht dann jedoch auch das Städtchen Pozzuoli, sodass man sich schon vor Betreten des Kraters ein Bild von der Intensität der zu erwartenden Geruchsbelästigung machen kann.

Pompeji und Herculaneum – römischer
Lebensgenuss und endzeitliche Katastrophe

Der Besuch des Vesuvs ist die perfekte Einstimmung auf die nächsten Höhepunkte Ihrer Neapelreise, der Besuch der beiden jahrhundertelang unter meterhohen Vulkanablagerungen begrabenen Städte Pompeji und Herculaneum. Diese beiden Örtlichkeiten sind das, was Neapel tatsächlich weltweit einzigartig macht, da es nirgends sonst derartige Fundstellen zu bestaunen gibt und die Ehrfurcht, die sich in einem breit macht, wenn man durch die nun wieder freigelegten Straßen schlendert, ist unvergleichlich. Beide Fundstellen haben ihre Art des Reizes und bieten ganz unterschiedliche Erlebnisse an.

Der berühmtere der beiden Ausgrabungsorte ist sicherlich Pompeji, denn sein Schicksal ist vielen Menschen aus der Literatur und aus Filmen bekannt. Eher zufällig entdeckte man im 18. Jahrhundert, dass man dort vor den Toren Neapels eine komplette quasi versunkene Stadt vor sich hatte, allerdings wurde die historische Bedeutung dieses Fundes nicht erkannt und man interessierte sich in erster Linie für dort immer wieder zu findende Wertgegenstände, die vom damaligen Königshaus bedenkenlos ausgebeutet und verschenkt wurden. Ebenso kam es zur rücksichtslosen Zerstörung unvorstellbar kostbarer Kunstschätze und es ist letztlich dem deutschen Archäologen Johann Joachim Winckelmann zu verdanken, dass diese Praktiken dank seines nachdrücklichen, öffentlichen Protests ein Ende fanden. Unter der französischen Vorherrschaft kurz nach der Jahrhundertwende wurden erstmals planmäßige und effiziente Ausgrabungen vorgenommen, die seitdem nicht wieder abgerissen sind und noch heute sind Archäologen aus aller Welt an dieser einmaligen Fundstelle beschäftigt.

Für den Besucher offenbart sich eine fantastische Welt, die unglaubliche Eindrücke in eine lange untergegangene Kultur ermöglicht, die gleichzeitig die Wiege unserer heutigen Kultur darstellt. Das Beeindruckendste an Pompeji sind die schieren Dimensionen seiner räumlichen Ausmaße. Man hat nicht etwa ein paar verschüttete Häuser oder einen antiken Tempel ausgegraben, sondern tatsächlich eine komplette Stadt, die man heute umherstreifend erkunden kann. Besucher gehen die antiken Straßen entlang und bestaunen die damals schon steingepflasterten Verkehrswege der Stadt, eine kulturelle Errungenschaft, die in weiten Teilen Europas erst gegen Ende des Mittelalters wiedererlangt wurde. Die Straßen sind gesäumt von Wohnhäusern der früheren Stadtbewohner, die meisten sind betretbar und erlauben einen Blick in das Alltagsleben des antiken Pompeji. Allenthalben kann man durch niedrige Türrahmen treten und um märchenhaft anmutende Ecken spähen, sich in den verschachtelten Innenräumen der Wohnhäuser umsehen und auf überraschende Details stoßen.

Die Gebäude sind ganz unterschiedlicher Natur, man findet herrschaftliche Anwesen wie beispielsweise die Villa dei Misteri, aus denen viele der historischen Schätze stammen, die Sie bereits im Archäologischen Museum bestaunt haben. Daneben stehen einfachere Behausungen, manche davon mit mehreren Stockwerken, andere nur ebenerdig, man entdeckt die Reste einer antiken Küche ebenso wie Fragmente prächtiger Wandmalereien und Bodenmosaike und allein das ziellose Umherstreifen durch die Straßen, Häuser und Innenhöfe versetzt einen zurück in diese Glanzzeit europäischer Kulturgeschichte.

Da Pompeji als gesamte antike Stadt ausgegraben wurde und nicht nur einzelne Gebäude oder

Straßenzüge, lässt sich die Lebensrealität der damaligen Bevölkerung ganz umfassend nachvollziehen, denn man findet neben den Wohnhäusern auch sämtliche anderen Strukturen, die in der römischen Antike eine solche Stadt ausgemacht haben.

Allenthalben stößt man auf kleine und größere Tempel- und Altaranlagen, es gibt ein weitläufiges Forum mit Kapitol, außerdem mehrere Theater, die mit gewaltigen Ausmaßen beeindrucken – insbesondere das riesige Amphitheater – und Sportanlagen sind ebenso zu finden wie mehrere Thermen und sogar ein Bordell wurde identifiziert, zu dem wenig subtile Reliefs in Form erigierter Penisse den Weg weisen. Es ist kaum möglich, innerhalb eines Tages tatsächlich die gesamte Stadt zu erschließen, was allerdings auch nicht unbedingt notwendig ist.

Tatsächlich hat gerade diese nicht ganz erfassbare Weitläufigkeit ihren besonderen Reiz, ermöglicht sie doch das Gefühl, wirklich vollends einzutauchen in diese jahrhundertelang versunkene Welt. Wenn man sich einige Stunden vertieft hat in die komplexe Struktur dieser Stadt, so erlebt man das, was Pompeji so einzigartig macht: Man ist Besucher in einer Welt, in der gewissermaßen für fast zweitausend Jahre die Zeit stillgestanden hat, eingefroren im Moment der großen Katastrophe, die vermutlich am 24. August 79 über die Stadt hereingebrochen ist.

Der Verlauf des Ausbruchs ist dank Plinius dem Jüngeren gut dokumentiert und man weiß heute, dass die meisten Bewohner Pompeijs bereits die ersten achtzehn Stunden nicht überlebten, die wenigen, die doch irgendwo Schutz gefunden hatten, starben in den nachfolgenden Glutlawinen und anschließend bedeckte eine bis zu 25 Meter dicke Schichte aus Asche und Bimsstein die gesamte Stadt für die nächsten eineinhalb Jahrtausende.

Diesem Umstand verdankt man den exzellenten Zustand vieler Fundstücke, allerdings brachen unter der Last die meisten Gebäudedächer ein, weswegen die wenigstens heute noch über Dächer verfügen. Dafür ermöglichte diese Art der „Schockkonservierung" Funde der ganz besonderen Art: an mehreren Stellen der Stadt fand man Überreste von Leichen der Bewohner und besonders berührend ist ein Ensemble aus mit Gips ausgegossenen Hohlräumen, die etwa zehn Menschen sowie einen Hund im Moment ihres Untergangs zeigen. Die Leichname selbst sind verwest, aber die sie umgebende komprimierte Ascheschicht bewahrte perfekte Abdrücke, die heute präzise Plastiken ergeben. Unter anderem sieht man die Gestalt einer Frau, die sich, als die Katastrophe über sie hereinbrach, schützend über ein kleines Kind legte, in den Gesichtern der Toten meint man Furcht und Entsetzen zu erkennen.

Diese Funde sind vielleicht die ergreifendsten Relikte dieser Ausgrabungsstätte und die meisten Menschen, die vor den hinter Glas angeordneten Körperskulpturen stehen, verstummen ganz selbstverständlich angesichts dieser herzzerreißenden Funde, die eine Nähe und Intimität zu den Geschehnissen herstellen, die Gebäude und Gemälde kaum bewirken können. Ähnliche Funde, die gleichzeitig jedoch den grundlegenden Unterschied der beiden Schicksale deutlich machen, gibt es in der zweiten verschütteten Stadt, die man als Besucher Neapels unbedingt besichtigen sollte.

Wenn man nach Herculaneum kommt, so fällt der Blick unweigerlich als erstes auf die steinernen Bootsschuppen, die früher direkt am Meer lagen und auch hier entdeckt man Überreste von den damaligen Bewohnern, die allerdings ein ganz anderes

Schicksal ereilte als die Einwohner Pompejis: Man findet hier keine in komprimierter Vulkanasche erhaltenen Hohlräume, sondern Skelette, was entscheidende Rückschlüsse über den gesamten Eruptionsverlauf zulässt.

Die menschlichen Überreste wurden in der Position gefunden, in der die Menschen sich bei ihrem Tod befanden und es ist deutlich nachzuvollziehen, dass sie alle binnen weniger Sekunden an der Einwirkung extremer Hitze starben. Anders als die Menschen in Pompeji, die zumeist bereits während der initialen Ausbruchsphase von herabstürzenden Gesteinsbrocken und kollabierenden Gebäuden erschlagen wurden oder später an vulkanischen Gasen und Asche erstickten, kamen die Bewohner Herculaneums erst in der Endphase der Eruption durch sogenannte pyroklastische Ströme um, Lawinen hocherhitzter vulkanischer Gase, die mit unglaublicher Geschwindigkeit zu Tal rasen und dabei auch Gestein und Asche mit sich führen.

Diese kurze, überaus starke Erhitzung sorgte sowohl bei den Körpern der Menschen, die sich in die Bootshäuser geflüchtet hatten, als auch bei sämtlichen Objekten aus organischen Materialien in den

Gebäuden der Stadt dafür, dass Flüssigkeiten so gut wie vollständig verdampft wurden, weswegen sie in den folgenden Jahrhunderten nicht verfaulten bzw. verwesten, sondern luftdicht unter vulkanischen Ablagerungen konserviert wurden.

Dies ist auch einer der Gründe, warum Herculaneum im Vergleich zu Pompeji die weitaus besser erhaltene Fundstelle ist. Zwar handelt es sich um eine bedeutend kleinere Ausgrabungsstätte, es sind bislang lediglich mehrere Straßenzüge freigelegt worden, deren Gebäude aber in unvergleichlich besserem Zustand sind und vor allem finden sich in deren Innerem außergewöhnliche Relikte wie beispielsweise Papyrusrollen und Überreste von Holztüren, die in Pompeji undenkbar sind. Zu verdanken ist das auch dem Umstand, dass die meisten Dächer in Herculaneum intakt geblieben sind, was mit den unterschiedlichen Ausbruchsverläufen zusammenhängt.

Während der ersten Phase wehte der Wind in südöstliche Richtung, wodurch das Auswurfmateriel nach Pompeji getragen wurde, in Herculaneum jedoch kaum etwas vom unaufhörlichen Steinregen niederging. Die Stadt wurde erst Stunden später

zunächst von den tödlichen pyroklastischen Strö-
men getroffen und kurz darauf von Lavaströmen, die
Hohlräume und Gebäudeinnenräume verfüllten, sodass diese, als sie letztendlich ebenfalls unter einer
20 Meter dicken Ascheschicht begraben wurden,
nicht in sich zusammenstürzten.

Der Besuch Herculaneums folgt also naturgemäß einer anderen Zielsetzung als der Streifzug
durch Pompeji, hier finden sich keine weitläufigen
Anlagen, vielmehr kann man sich als Besucher staunend in mannigfaltige Details vertiefen. Die Innenausstattung prächtiger Häuser ist weitaus besser erhalten als in den pompejanischen Fundstücken, man
sieht nahezu vollständige Wandgemälde und Mosa-
ike, in manchen Häusern finden sich im Atrium noch
marmorne Tische und Statuen und die beeindruckende Detailfülle erlaubt ein tiefes Eintauchen in
die Feinheiten dieser untergegangenen antiken
Hochkultur.

Zwar bietet es sich aufgrund der örtlichen Lage
an, die Besuche der beiden Ausgrabungsstätten zu
verbinden, sie liegen beide östlich der Stadt und
werden von der Linie Neapel-Sorrent der Ferrovia
Circumvesuviana   erschlossen,   allerdings

überfordert dieses doch recht umfangreiche und intensive Programm auch Hartgesottene.

Eher empfiehlt es sich, beispielsweise den Besuch in Herculaneum mit der Besichtigung des Urhebers der Katastrophe zu verbinden, da die Busse zum Krater ebenfalls von der Haltestelle abfahren, an der Sie für die Besichtigung der dortigen Ausgrabungen aussteigen. Für die pompejanische Ausgrabungsstätte fahren Sie bis zur Haltestelle *Pompei Villa dei Misteri,* für Herculaneum zu der Haltestelle *Ercolano Scavi,* in beiden Fällen sind es nur wenige Minuten Fußweg zum Eingang.

Für diese Ausflüge sollten Sie sich ausreichend Zeit nehmen, vor allem Pompeji fordert in seiner Weitläufigkeit mehrere Stunden Aufenthaltsdauer, ebenfalls sollte eine großzügige Pause eingeplant werden, das stundenlange Herumlaufen und vor allem die Vielzahl der Eindrücke wirken erfahrungsgemäß nach einiger Zeit recht erschöpfend. Wenn Sie sich von den touristisch naturgemäß stark erschlossenen Ausgrabungsgebieten ein wenig entfernen, finden Sie vor allem in Herculaneum, das heute zum Großteil aus einer modernen, bewohnten Stadt besteht, viele kleine Bars und Restaurants, in denen

Sie sich zwischendurch stärken können, wohingegen es sich empfiehlt, gerade die Gegend um die pompejanischen Ausgrabungen herum zu meiden, da hier vor allem sehr internationalisierte und höherpreisige Gastronomie geboten wird.

Besonders im Sommer sollten Sie sich für den Besuch in Pompeji gegen die Sonne wappnen, die gänzlich steinerne Umgebung heizt sich sehr stark auf, schattige Plätze zum Verweilen finden sich kaum und die einzige gastronomische Einrichtung verlangt hohe Preise für Erfrischungsgetränke. Die Eintrittspreise zu den Ausgrabungsstätten gestalten sich etwas undurchsichtig, für Pompeji ist der reguläre Ticketpreis 15, der ermäßigte 7,50 €, allerdings werden Kombitickets angeboten, beispielsweise für Pompeji, Oplontis und Boscoreale für insgesamt 18 bzw. 4 € oder alternativ ein Ticket für zwei beliebige Ausgrabungen für 7 bzw. 3,50 € (Oplontis, Boscoreale, Stabiae), allerdings sind Pompeji und Herculaneum hierbei explizit ausgeschlossen. Der Eintrittspreis für Herculaneum beträgt 11 bzw. 5,50 €, hierfür werden keine Kombitickets angeboten.

An dieser Stelle sei kurz auf die übrigen bislang erwähnten Ausgrabungsstätten eingegangen: Es handelt sich bei Oplontis, Stabiae und Boscoreale um deutlich kleinere Fundstellen, in Oplontis lässt sich die Villa einer wohlhabenden römischen Familie besichtigen, in Stabiae finden sich ebenfalls einige Villen, bei denen es sich zum größten Teil um einfache Landhäuser handelt und in Boscoreale wurde ein altes Landgut freigelegt. Die jeweiligen Funde sind zwar ebenfalls von größter historischer Bedeutung, für interessierte Laien neben den Fundorten Pompeji und Herculaneum jedoch wenig ergiebig. Vornehmlich trug ihre Entdeckung zum besseren Verständnis des Lebens in der damaligen Zeit bei, da man beispielsweise Einblicke in die Landwirtschaft und die Weinproduktion gewinnen konnte.

Neapel und das Meer: Schiffsausflüge nach Ischia und Capri

Wer sich nach den Ausflügen an die Randgebiete der Metropole noch ein wenig weiter vorwagen will, der kann Neapel auch per Schiff hinter sich lassen und mit Fähren einen Ausflug nach Ischia oder Capri machen, wobei die beiden Inseln strenggenommen noch zur Metropolitan-Stadt Neapel gehören. Allerdings sei bereits an dieser Stelle angemerkt, dass es sich hierbei um größere und kostspieligere

Unternehmungen handelt, die auch deutlich mehr Zeit in Anspruch nehmen als die bisherigen Ausflüge und erst richtig lohnenswert werden, wenn man mehrere Tage dort verbringen kann und möchte, weswegen hier auch nicht tiefer auf diese Möglichkeit eingegangen werden soll.

Wer jedoch gerne eine Schifffahrt genießen möchte und vielleicht an einer bestimmten Sehenswürdigkeit besonders interessiert ist, der kann durchaus einen Tagesausflug zu einer der beiden Inseln unternehmen. Ischia ist die deutliche größere der beiden und dadurch von besonderem Interesse, da es sich bei ihr um ein Gebilde vulkanischen Ursprungs handelt, das auch heute mit dem Komplex der Phlegräischen Felder durch eine gemeinsame Magmakammer verbunden ist.

Die Insel besticht durch mehrere Thermalquellen, weswegen sich auch zahlreiche Kurgäste dorthin begeben, sowie vielfältige Flora und Fauna, das Kastell Aragonese und den berühmten Wein, der überall auf den Insel angebaut wird. Capri ist vor allem für seine Grotten bekannt, insbesondere die Blaue Grotte, die auch in zahlreichen Liedern besungen wird, außerdem war sie Wohnsitz des Kaisers

Tiberius, nachdem dieser der Ränkespiele in Rom überdrüssig geworden war. Es gibt verschiedene Möglichkeiten, die Inseln zu erreichen. Günstiger und zeitaufwändiger Variante sind die Fähren, die zwischen Neapel und den Inseln verkehren, pro Fahrt etwa 30 € verlangen und um die eineinhalb Stunden unterwegs sind. Ein wenig schneller und günstiger wird es, wenn man in Pozzuoli startet. Wer rascher vorankommen möchte, kann auch die deutliche teureren Schnellboote und Katamarane nutzen. Naturgemäß sind die Fahrten stark von der aktuellen Witterung abhängig und können bei rauer See auch ausfallen, in jedem Falle gilt es, sich frühzeitig zu informieren.

LEBEN UND GENIEßEN AM FUßE DES VESUV

Bei all den Sehenswürdigkeiten, den geschichtsträchtigen Orten, der beeindruckenden Natur und den bezaubernden Palästen sollte nicht in den Hintergrund geraten, was vielleicht am meisten das wahre Neapel ausmacht und das ist die Art, wie seine Bewohner dort leben. Es ist ein besonderes

Leben in der Spannung zwischen der alltäglichen Bedrohung durch die gefährlichsten Vulkane des Kontinents, den Schwierigkeiten und Zumutungen einer teils verarmten und überbevölkerten Millionenstadt und der süditalienischen Lebensfreude, die hier trotz der Schwierigkeiten seit Jahrhunderten ungebrochen ist und einem als Besucher bei unzähligen Gelegenheiten entgegenschlägt.

Vielleicht gerade wegen der Widrigkeiten haben die Neapolitaner eine äußerst genussreiche Art zu leben entwickelt, die in großmütiger Offenherzigkeit auch jedem Besucher sofort offensteht. Ein großer Teil dieser Alltagsfreuden ist kulinarischer Art, jedoch bieten auch Religion und Brauchtum eine Fülle von Ausgelassenheit und Lebensfreude, die in anderen Teilen Europas und auch Italiens nicht in dieser Art zu finden ist. Es gibt in der Stadt übrigens eine Art Maske, die Ihnen immer wieder an allen möglichen Orten begegnen und schnell zu einer Art lustigem Begleiter werden wird: die Pulcinella. Diese liebenswerte Spaßfigur ist aus alten Theatertraditionen entstanden und gilt als gewitzt, lebhaft und überaus verfressen, manche sagen sogar, sie sei eigentlich die Verkörperung des neapolitanischen

Geistes.

Il caffè – Mehr Lebensgefühl als Getränk

Italienischer Kaffee ist berühmt und mittlerweile in vielen Teilen der Welt Teil des modernen, urbanen Lifestyles geworden, aber wer das echte Original verkosten möchte, der sollte nach Neapel kommen. Hier hat das koffeinhaltige Heißgetränk einen ganz besonderen Stellenwert, es ist praktisch allgegenwärtig. Man bietet ihn Freunden an, trinkt ihn nach dem Essen und schafft sich um ihn herum zahlreiche kleine Pausen im Alltag.

Es ist weithin akzeptiert, auch während der Arbeit Pausen einzulegen, um einen Espresso mit Kollegen zu trinken, sich dem zu entziehen kommt einer sozialen Unanständigkeit gleich. Eng damit verbunden sind die eingangs beschriebenen kleinen Bars, die sich überall in der Stadt finden, auch in Gebieten, die sonst keinerlei Reiz zu bieten haben wie industrielle Gegenden oder heruntergekommene Vorstadtränder. Diese Bars sind unersetzliche soziale Treffpunkte, man geht dorthin, um Bekannte zu treffen oder um sich einfach unter Leute zu mischen, mit denen man bei einem kurzen Getränk schnell ins Gespräch kommt. Die übliche Variante ist der Espresso, die Neapolitaner nennen ihn ganz einfach il caffè und wer etwas anderes als diesen Espresso möchte, muss das explizit dazusagen, dann bekommt er allerdings exzellenten Cappuccino, Ristretto oder Latte Macchiato, denn so gerne die Neapolitaner Kaffee trinken, umso höhere Ansprüche stellen sie auch. Man kann immer wieder beobachten, dass ein Gast die Qualität des Caffè bemängelt, woraufhin ihm ohne Diskussion ein neuer hingestellt wird, es gilt allen Seiten als Selbstverständlichkeit, nichts weniger als ausgezeichneten Espresso zu trinken.

Wenn die Neapolitaner Kaffee trinken gehen, ist die Idee dahinter grundlegend anders als man es beispielsweise aus deutschen Cafés kennt, in denen man es sich gemütlich macht und oftmals eine Stunde oder länger mit Unterhaltungen verbringt. Die Bars von Neapel sind nicht auf lange Aufenthalte ausgelegt, da die meisten Menschen ihren Espresso im Stehen an der Theke oder an einem der kleinen Stehtische zu sich nehmen, was oft nur eine fünf- bis zehnminütige Konversationspause darstellt. Wer als Besucher der Stadt gerne etwas länger verweilen möchte, um das Treiben zu beobachten, ist jedoch meistens herzlich willkommen, dies auch zu tun und viele Besitzer suchen, wenn es gerade nicht viel zu tun gibt, das Gespräch mit ihren Gästen. Eine weitere lokale Besonderheit ist der Caffè sospeso, der „aufgeschobene Kaffee", eine bereits seit der Wende zum 19. Jahrhundert praktizierte Gewohnheit, bei der Bürger, die es sich leisten konnten, außer ihrem eigenen Kaffee einen weiteren zu bezahlen, ohne diesen jedoch zu trinken.

Der Wirt notiert die im Voraus bezahlten Kaffees und wenn ein Bedürftiger vorstellig wird, der sich keinen Kaffee leisten kann, so bekommt er auf diese Rechnung einen ausgeschenkt. Was zunächst lediglich wie ein liebenswerter Brauch wirkt, hat für die Neapolitaner einen bedeutenderen Hintergrund. Nicht wenige führen diese Tradition darauf zurück, dass die Neapolitaner in ihrer wechselvollen Geschichte nicht selten darauf angewiesen waren, sich gegenseitig auszuhelfen, um die Ohnmacht defizitärer, staatlicher Strukturen auszugleichen, was letztlich auch zur Bildung der weitgreifenden O organisierten Kriminalität führte. Heute wird diese Tradition vor allem in der Altstadt noch praktiziert, allerdings hat die grundlegende Idee dahinter mittlerweile einen europaweiten Siegeszug angetreten, wo verschiedene Organisationen dafür gesorgt haben, dass für verschiedenste Waren und sogar Dienstleistung auf diese Art „im Voraus" für jemanden mitbezahlt werden kann. Welche Unternehmung auch immer Sie in Neapel geplant haben, nehmen Sie sich ausreichend Zeit für die eine oder andere Kaffeepause und falls Sie nicht so viel Koffein vertragen, kein Problem: In allen Bars ist es selbstverständlich, exzellenten Kaffee auch entkoffeiniert zuzubereiten.

Pizza, Meeresfrüchte und Sfogliatella: Tafeln wie der römische Adel

Nicht weniger berühmt und begehrt als der Kaffee ist das neapolitanische Essen, allem voran die Pizza, die immerhin aus der Stadt stammt. Zwar ist sie mittlerweile in ganz Italien Nationalgericht und eine Kunst für sich, jedoch hat sie ihren Ursprung in Neapel und die neapolitanische Pizza ist seit Kurzem Weltkulturerbe. Der Teig ist weich und dicker als beispielsweise die knusprig-dünne Pizza Roms und der Belag besteht aus Tomaten-Sugo, Olivenöl, Mozzarella und Basilikum. Mit der Pizza, die man etwa aus Dönerbuden kennt, hat sie nichts zu tun und ist sogar ein gesundes Nahrungsmittel, das für die

Bewohner zum Alltag gehört und von den zahlreichen Pizzabäckern mit großer Ernsthaftigkeit hergestellt wird. Mittlerweile werden die ersten Pizzerien im Michelin-Guide geführt und die Erfahrung der Neapolitaner in der Pizzaherstellung hat dazu geführt, dass man selbst in den einfachsten Buden ausgezeichnete Pizza bekommt und das zu äußerst moderaten Preisen. Wer Geduld aufbringen kann, sollte keinesfalls versäumen, einmal in der L'Antica Pizzeria da Michele essen, die vor Jahrzehnten bereits ein Geheimtipp war und einer der seltenen Fälle von Geheimtipp ist, der auch, nachdem er regelrecht zur Berühmtheit geworden ist, nichts von seiner ursprünglichen Art und seinem Charme verliert.

Einst hat Julia Roberts hier in „Eat, Pray, Love" eine Pizza verspeist und weitere Berühmtheiten wie der in Neapel wie eine Gottheit verehrte Maradona sind hier bereits eingekehrt, sehr zum Stolz der Besitzer, die den Innenraum mit Fotografien dieser Momente ausgestaltet haben. Die Einrichtung ist überaus einfach, man sitzt an Plastiktischen inmitten des Trubels einer teilweise offenen und vollausgelasteten Küche mit großem Holzofen. Der Boden ist gefliest, die Wände sind bis auf die erwähnten

Fotografien blank und der ganze Raum wirkt in seiner Einrichtung recht kühl. Allerdings vergisst man diese Äußerlichkeiten schnell bei der pulsierenden Lebendigkeit, die in dem Lokal herrscht. Kellner eilen so geschwind durch den Raum, dass man es beinahe für eine geheime Choreografie halten möchte und es ist fast eine Selbstverständlichkeit, dass man Pizza Margherita ist, die neapolitanische Pizza.

Ohnehin gibt es nur eine weitere Variante, dazu Wasser, Cola und Bier und als Gast wird man oftmals zu anderen Gästen an den Tisch gesetzt, was von allen Seiten stets mit Freundlichkeit angenommen wird. Man isst gerne und unkompliziert zusammen. Der Trubel, der einen in seiner Lebhaftigkeit auch nach Tagen in Neapel noch überwältigt, hängt damit zusammen, dass diese Pizzeria weithin als die beste Pizzeria nicht nur Neapels, sondern ganz Italiens angesehen wird und sich jeden Abend absurd erscheinende Schlangen vor dem Eingang bilden.

Es kann durchaus vorkommen, dass man zwei Stunden warten muss und angesichts der zahlreichen ausgezeichneten Pizzerien in der Stadt ist es durchaus nachvollziehbar, sich eine etwas zugänglichere Quelle zu suchen, wer allerdings bleibt, wird mit der vielleicht besten Pizza der Welt belohnt. Auch wenn diese Feststellung schließlich Geschmackssache bleibt, so spricht es doch für sich, dass allabendlich auch zahlreiche pizzaverwöhnte Neapolitaner die Mühe nicht scheuen, eine Pizza bei Michele zu ergattern. Ein Besuch lohnt sich ebenfalls in der Pizzeria Brandi, in der 1889 die erste Pizza Margherita zu Ehren der gleichnamigen Königin zubereitet wurde. Der königliche Dankesbrief für diese kulinarische Schöpfung hängt bis heute in den Räumlichkeiten des Lokals aus.

Selbstverständlich wird in Neapel nicht nur Pizza gegessen, auch *Spaghetti alla napoletana* sind schließlich ein weltberühmter Klassiker, der hier in Neapel keinesfalls so langweilig und fad schmeckt wie man es in Deutschland oft kennt und auch die Lage der Stadt an der Küste macht sich in der Küche bemerkbar. Man findet überall Restaurants, die ausgezeichneten Fisch und köstliche Meeresfrüchte anbieten, die in der Regel fangfrisch vom selben Tag sind, weswegen auch die Speisekarten oft täglich variieren, abhängig vom jeweiligen Fangerfolg. Eine der besten Adressen ist das Miracolo dei Pesci, wo täglich eine große Auswahl außergewöhnlicher und schmackhafter Fischgerichte angeboten wird. Die Preise sind eher gehoben, wer aber auch mit schmalem Budget nicht auf Fischgenuss verzichten will, dem sei angeraten, dasselbe zu tun wie mit Pizzerien und Bars: sich einfach mit offenen Augen durch die Straßen treiben lassen und Ausschau zu halten nach einem belebten Lokal, denn oft sind dies die schönsten Entdeckungen, an denen man auch in der Erinnerung noch seine Freude hat.

Wenn es um kulinarische Besonderheiten geht, darf eine neapolitanische Spezialität nicht unerwähnt bleiben: die *Sfogliatella*. Bei ihr handelt es sich um eine muschelförmige Blätterteigtasche mit süßer Ricotta-Füllung mit Zimt und Orangenblütenaroma. Dieses Gebäck stammt ursprünglich aus einem Kloster bei Salerno und ist heute überall in der Stadt in Bars, Kiosken oder Bäckereien zu bekommen und der perfekte Nachtisch nach einer guten Pizza, allerdings sollte man vielleicht teilen, denn das köstliche Gebäck ist äußerst sättigend.

Heilige Ehrfurcht und sprühende Lebensfreude: Neapel zur Oster- und Weihnachtszeit

Zu zwei Zeiten im Jahr herrscht in Neapel eine ganz besondere Stimmung, und zwar jeweils um die Oster- und um die Weihnachtszeit herum. Hier wird auf unmittelbare Art die hohe Bedeutung der Religion für die neapolitanische Bevölkerung deutlich und die Lebendigkeit jahrhundertealter Traditionen in einer sonst äußerst modernen und lebhaften Stadt. Der beeindruckendste Teil der Osterzeit beginnt am Karfreitag mit großen Prozessionen, besonders bekannt diejenige auf der kleinen Insel Procida, die jedes Jahr zahlreiche Menschen anlockt.

Die Prozession ist von großer Ernsthaftigkeit, echter Frömmigkeit und Hingabe, unzählige Neapolitaner stehen an den Straßenrändern, auch in Trauer gekleidete Kinder sind Teil davon und lange Klagegesänge. Ganz anders dann die Stimmung am Ostersonntag, wo die Trauer in fröhliche Ausgelassenheit umschlägt. Bereits während der nächtlichen Ostermessen zeigt sich diese Ausgelassenheit, die Kirchen in den belebten Innenstadtvierteln sind voll mit Gläubigen, während auf den umliegenden Plätzen junge Menschen die Ausgehfreuden einer Samstagnacht genießen. Immer wieder huscht einer der

Feiernden für einen Moment zu einer der Kirchen, um hineinzuspähen, dann kehrt er wieder zu seinen Begleitern zurück, die im Schneidersitz auf dem Boden sitzen und sich eine Weinflasche teilen. Der Ostersonntag selbst ist gefüllt mit lebhaften und umfangreichen Prozessionen, die von der Bevölkerung mit Feiern begleitet werden. Überall in der Stadt sind Musikanten unterwegs und mittags findet man in der Familie zum Essen zusammen, in möglichst großem Kreise. Wer also einen besonderen Osterurlaub verbringen möchte, der findet in Neapel ein lohnendes Ziel, das überdies zu der entsprechenden Jahreszeit mit weitaus angenehmeren Temperatur lockt, als man sie in Deutschland findet.

Ein gutes halbes Jahr später verzaubert das Weihnachtsfest die Stadt auf ganz andere Weise. Die Weihnachtszeit beginnt in Neapel traditionell am 8. Dezember mit dem Immacolata-Feiertag und endet am 6. Januar mit dem Epiphanienfest. Absoluter Höhepunkt der neapolitanischen Weihnachtszeit ist die Straße der Krippenbauer, die Via San Gregorio Armeno. In zahlreichen kleinen Läden verkaufen Kunsthandwerker ihre vielfältigen Figuren und viele Neapolitaner haben aufwendige Krippen zuhause, die oft über Generationen hinweg aufgebaut wurden und fortlaufend ergänzt werden. Nicht nur Kinder sind fasziniert davon, durch diese detailfreudige Miniaturwelt zu streifen und sich an den schönsten und mitunter auch verrücktesten Figuren zu erfreuen. Auch in vielen Kirchen finden sich zu dieser Zeit aufwendig gestaltete Krippen, oft in größerem Format, es gibt Krippenausstellungen und über die Stadt verteilt an vielen Plätzen, auf geschmückten Straßen und in Kirchen eine Vielzahl an Konzerten. Wer sich dafür interessiert, wird ab Anfang Dezember von der Comune di Napoli über das Kulturprogramm informiert.

Ein Koffer voller Erinnerungen

Ob Sie nun ein Wochenende, ein paar Tage oder mehr als eine Woche in Neapel verbracht haben, irgendwann kommt der Tag, an dem Sie ihre Koffer wieder packen müssen. Möglicherweise sind Sie kurz ein bisschen froh, nach dem fortwährenden lebhaften Trubel wieder einzutauchen in den ruhigeren Alltag, aber höchstwahrscheinlich werden Sie nicht ohne Wehmut ein letztes Mal aus dem Fenster Ihrer Herberge sehen. Diese so lebhafte und widersprüchliche Stadt hinterlässt

einen bleibenden Eindruck, insbesondere Erlebnisse
wie der Besuch Pompejis und das Erspüren der jahr-
tausendealten Geschichte oder der Blick in den Krater des majestätischen Vesuv. Diese Dinge sind –
vielleicht neben einer Flasche guten Olivenöls –
wohl die schönsten Dinge, die man aus der Stadt mit
nach Hause bringen kann, der Gedanke an Espressi
unter der süditalienischen Sonne, an der Geruch des
Meerwasser beim abendlichen Spaziergang am
Lungomare entlang, ein kühles Bier in der Hand und
vor sich den Golf von Neapel, an die Ehrfurcht, die
einen vor den uralten Kunstschätzen im Archäolo-
giemuseum erfasst hat, die köstliche Pizza in einer
windschiefen Straßenbude und immer wieder die
atemberaubende Aussicht über das Meer und auf
den Vesuv, der in stiller Größe die Stadt überschat-
tet.

Packliste

Geld & Finanzen

O (evtl.) Auslandswährung
O Bargeld
O Bauchtasche
O Brustbeutel
O Bauchtasche
O EC-Karte
O Kreditkarte
O Notfall-Telefonnummern der Banken
O Portmonee

Hygiene

O Haarbürste / Kamm
O Deo (klein)
O Shampoo
O Kulturtasche
O Sonnencreme
O Taschentücher

O Reise-Zahnbürste und Zahnpasta
O Verhütungsmittel

Kleidung

O Badeklamotten

O Gürtel

O Hosen kurz / lang

O Mütze / Cap / Hut

O Pullover

O Regenjacke

O Schlafanzug

O Socken

O Sonnenbrille

O Sportklamotten / Jogginghose

O T-Shirts

O Unterwäsche

Medikamente

O Blasenpflaster

O Anti-Durchfalltabletten

O Erste-Hilfe-Set

O Fiebertabletten
O Fiebertabletten
O Mückenschutz
O sonstige Medikamente
O Pflaster
O Kopfschmerztabletten

Unterlagen & Papiere

O ADAC Unterlagen
O Adresslisten für Postkarten
O Krankversicherungsnachweis
O Stadtplan
O Führerschein
O Unterlagen für die Unterkunft
O Wasserdichte Hülle für Reiseunterlagen
O Impfausweis
O Mietwagenunterlagen
O Personalausweis
O Reisepass
O Reisetagebuch
O evtl. Studentenausweis

O evtl. Visum
O Zug- / Bahn- / Flugticket

Taschen & Rucksäcke

O Koffer / Trolley / Reisetasche
O Regenhülle für Rucksack
O Rucksack

Schuhe

O Badeschlappen / Hausschuhe
O Schuhe und Wechselschuhe

Sonstiges

O Brille / Kontaktlinsen und Etui
O Buch zum Lesen
O Ohrenstöpsel und Schlafmaske
O Regenschirm
O Reisedecke
O Wasserflasche
O Wörterbuch

Elektronik

O Digitalkamera
O Handy
O Ladekabel
O Kopfhörer
O evtl. Steckdosenadapter
O Power-Bank

Herstellung und Verlag:
BoD – Books on Demand, Norderstedt
ISBN: 9783750469808

© Irina Veldkamp 2020
1. Auflage
Kontakt: Psiana eCom UG/ Berumer Str. 44/ 26844 Jemgum
Covergestaltung: Fenna Larsson
Coverfoto: depositphotos.com